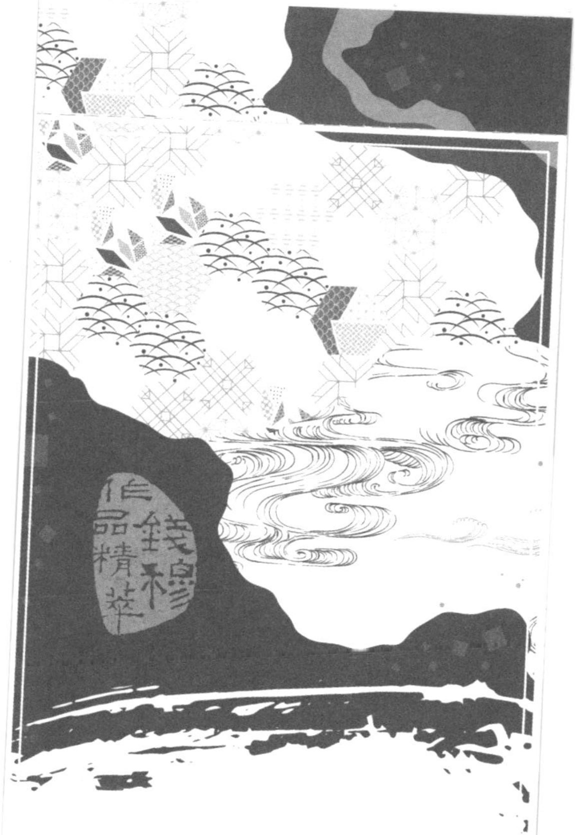
錢穆作品精萃

中國學術思想史論叢（五）

錢穆作品精萃

錢穆

三民書局

序

本冊所收全屬兩宋。余之治宋代學術始自文學，自徧讀韓、柳兩集後，續讀歐陽永叔、東坡、荆公集，而意態始一變。始有意於學術文。進誦朱文公、王陽明兩集，又進而誦黃、全兩學案，有意改寫全氏學案，而學力未充，遂以擱置。時皆在余三十歲以前。自後乃致力於寫《先秦諸子繫年》、《近三百年學術史》，及《國史大綱》。三書成，已在抗戰中期，在成都曾寫此冊所收之一部分。抗戰勝利後，在江南大學又續寫一部分。避赤禍居香港，曾寫《宋明理學概述》一書，有散作數篇收入此冊，皆在撰述《朱子新學案》之前。及《新學案》成，乃一意撰寫《研朱餘瀋》，述朱學之流衍，自元迄清。而朱子前諸家，迄未有所續論。今年事已衰，兩目失明，今此冊付印未能再校，略記其經過如此。

中華民國六十七年春錢穆自識於士林外雙溪之素書樓，時年八十有四。

中國學術思想史論叢（五）

目次

初期宋學

東漢儒學既衰，直要到北宋始復興。北宋儒學，應推胡安定（瑗）孫泰山（復）兩人為肇祖。史稱兩人同學於泰山，攻苦食淡，十年不輟。安定得家書，上有平安二字，即投澗中，不復展，恐擾其心。他們用心如此，終為此下儒學打開一出路。

首當注意者，是他們的重振師道，此乃王通所遊想，韓愈所力言，而至是始實現。孫復立泰山書院，其高第弟子石介，事師尤盡禮，時人謂：「魯人既素高此兩人，由是始識師弟子之禮，莫不嗟嘆之。」（歐陽修語）而胡安定尤應推為中國近代史上第一大教育家。他歷主蘇州湖州教授，凡二十餘年，創興教法，開立科條，分設經義治事二齋，經義則選心性疏通，有器局，可任大事者，使之講明六經。治事則一人各治一事，又兼攝一事，如治民講武堰水歷算之類。使以類群居講習，時時召使各論所學，為定其理。或自出一義，使人人以對，為可否之，或即當時政事俾之折衷。又提倡樂教，每公私試罷，諸生會合雅樂詩歌，諸齋平居亦自歌詩奏樂，琴瑟聲徹外。泰山書院純屬私人講學規模，蘇湖講學，則為正式的學校教育，不限於私人間。慶曆中，中央詔令下蘇湖取其法，著為令，施於太學。又聘安定親來掌教。自東漢以下，朝廷博士制度已衰，社會亦無講學風，學業限於門第中，於是有佛家寺院，起而擔當社會教育之職責。儒學不敵佛教，此是一大原因。直至宋初國家教育與私人講學皆得復興，而儒學始重光，則安定之功最大。

第二當注意者，兩漢教育，重在經籍，偏重在書本上。博士講經，僅知章句家法，古文學興於民間，亦只偏重訓詁字義，東漢儒學之衰在此。依當時人語，則是有經師而無人師，經學中之微言大義，應知從人生實際事物著眼，不在書本之章句訓詁上。此一趨勢，直到北宋，纔見紐轉，於是乃始有新經學之曙光。其時所注意者，要要在《易》、《春秋》兩經。石介謂盡孔子之心者《大易》，盡孔子之用者《春秋》。是二大經，聖人之極筆，治世之大法。此可謂是宋初新儒之共同意見。故孫復有《春秋尊王發微》，又有《易說》，胡瑗有《易解》，亦有《春秋說》，只因《易》、《春秋》同為講明人事之書，《伊川易傳》頗承胡《易》，而其著精神處亦在實際人事，此乃宋初學風特徵。不僅與唐人尚文學詩賦有異，亦與漢人尚章句訓詁有別，從此始走上了儒學正路。

除卻《易》、《春秋》，他們又注意到〈洪範〉與《周官》。胡瑗有《洪範口義》，發明天人合一之旨。又詳引《周官》法以推演八政，乃由社會人事轉入政治制度。石介亦云，《周禮》、《春秋》，萬世之大典。《周禮》明王制，《春秋》明王道，執二大典以興堯舜三代之法，如運諸掌。稍後李覯遂有《周禮致太平篇》。此都是宋儒之通經致用，時代既與兩漢不同，斯其研尋之對象，亦自與兩漢有別。

第三當注意者，則為宋儒之道統觀。孫石二氏倡之尤力。孫復與張洞書，已言自漢至唐不叛不雜，惟董仲舒揚雄王通韓愈。石介更張大其辭，其言道統，自韓愈以下，及於當代，則為柳仲塗士建中孫明復。柳開初名肩愈，字紹先。嗣名開，字仲塗。即謂有意開示塗轍。以今語譯之，即一種打先鋒的啟蒙運動也。又自號補亡先生，即欲補六經之亡缺，有意於如王通之續經。石介字守道，介如石，亦寓強立不反之意。其他如孫復是要光復舊傳統。士建中是要建中立極，重定新標準。只看此諸人之取名，已可見其一番蓬勃粗豪之氣象，正為學術思想史上啟蒙革新時代所應有。石介既師孫復，亦極尊柳開，其贈張績詩，即以柳承韓。又有〈尊韓篇〉。又作〈怪說〉，以佛老楊億為三怪。唐代正惟以釋道指導人生，以文學應對世務，石介目之為三怪，正為宋初之一種文藝復興。又有〈中國論〉，則是一種中國本位文化運動也。又有《唐鑑》，大抵宋儒皆不喜唐，皆主復古，遵唐則不脫上述之三怪，惟有尊韓愈，乃能循之復古。此乃思想上一種革新啟蒙之大波，自此偏向理想，輕視現實。石介又有〈辨惑篇〉，謂天地間必然無有者三：無神仙，無黃金術，無佛。兩漢提倡六經，乃以戰國百家為對象，宋初尊儒，則以唐代流行社會之佛老為對象。故其時新學風有三，一為古文運動，即是一種新文學運動。二為新教育運動，尊孔孟，排老釋，打開門第傳統，寺院逃世，進士詩賦輕薄之三種舊格式，而創興新書院與學校講學制度，而人師尤要於經師。其三則為變法運動，此則根據經術，發揚大義，擺棄古經籍之注疏訓詁束縛，而求實見之於當時人文大群之公共事業。前兩路皆蹈襲昌黎，後一路則唐代人尚少開闢。如啖助趙匡陸淳之治《春秋》，雖能不惑於傳註，而仍未逮宋學精神。最多只算是打開了此下新注疏新經學之大門，但不能說此等已是新儒學。故宋初論學，必推尊董仲舒揚雄王通以至韓愈。揚王為其不縛於傳註，擬經續經，能繼舊聖作新聖，董仲舒則漢創制，與一王大法，更是通經致用之好榜樣。至於馬融鄭玄，則為當時人所忽視。此為漢學宋學之主要分界處，所當特加注意者。

除卻上述三途，更有完養心性的大理論與其工夫所在，此乃以下宋學更重要的中心精神，即激於唐代之釋老而來。在初期宋學中，北系孫復石介一支，對此似少討論。南系安定一支，則接觸到此方面者較多。胡瑗在太學，以〈孔顏所好何學論〉命題，即其證也。故北系重韓愈，而南系特重顏子，此是一絕大界線。安定高第門人徐積嘗謂：人當先養其氣，氣全則精神全，所謂先立乎其大者也。又作〈荀子辨〉，並謂情非不正，聖人非無情，此皆見安定一系與完養心性問題之研究較接近，故得遠為二程開先也。徐積又云：

〈艮〉言思不出其位，正以戒在位者。若夫學者則無所不思，無所不言，以其無責，可以行其志。若云思不出位，是自棄於淺陋之學也。

是要主張無所不思，無所不言，正見初期的宋學精神。

初期宋學氣派之開闊，如胡瑗之道德，歐陽修之文章，范仲淹之氣節，堪稱鼎足之三峙，更與當時以甚大之影響。范仲淹為秀才時，即以天下為己任，自稱當先天下之憂而憂，後天下之樂而樂。此與徐積言學者當無所不思無所不言之意正相發明。故達而在朝，則為大政治家如范文正。窮而在野，則為大教育家如胡安定。此乃初期宋學所謂明體達用之最要標準也。歐陽修為文章直接韓愈，而歐陽生平志事，亦不在文章。故曰：文學止於潤身，政事可以及物。其對佛教意見亦與愈不同。韓愈闢佛，而歐陽不闢佛。著為〈本論〉三篇，大意謂佛法為中國患，其本在於王政闕，禮義廢，故莫若修其本以勝之。陳善《捫蝨新語》謂此論一出，而韓愈〈原道〉所謂人其人火其書之語幾廢。此可見其影響矣。故〈本論〉盛讚堯舜三代之為政，舉其大者曰井田，曰禮樂，曰學校。惟歐陽修頗主古今異宜。故曰儒者之於禮樂，不徒誦其文，必能通其用。不獨學於古，必可施於今。於《周禮》亦頗致疑點。於新莽北周宇文之模古改制，皆有譏辨。（詳《居士集．進士策問》）而歐陽之於經術，尤多達見，疑《易傳》（有《易童子問》），疑河圖、洛者，疑《春秋》三傳。（有〈春秋論〉上中下）於偽說亂經，中駁不遺餘力，直有百世以俟知者之概。（可看《居士集》四十三〈廖氏文集序〉）此見歐陽之於宋初，實已邁進了一大步。而歐陽不喜談心性（看《居士集》四十七〈答李詡第二書〉），並於《中庸》多致疑難。其於自誠明謂之性，不勉而中，不思而得諸語，均謂是空言，疑其傳之謬。（參讀〈進士策問〉）故歐陽實是初期宋學中一位氣魄寬大，識解明通，而又鬆秀可愛之人物也。

但無論道德文章氣節政事，會宗歸極，仍必歸宿到幾個基本的思想與理論上來，這就轉入了宋學之第二期。與歐陽同時，接著有王安石劉敞，兩人皆博學，旁及佛老，又好談性理，與初期宋學已不同。乃成為在初中兩期宋學的夾縫中人物。劉敞有《公是先生弟子記》與《七經小傳》。宋人經學新說，多自《七經小傳》開先。其弟子記於歐王兩家頗多評駁。蓋此三人學術路徑皆相近，而又交遊較密也。弟子記明白反對歐陽不談心性之態度，（凡兩條，已採入學案）又辨荊公太極為性，五行為情說之不當。而論王霸意見，則與荊公相同。司馬溫公論王伯則與李泰伯同，與王劉適成一對比，荊公刻深勝過廬陵，博大超於原父，彼乃是初期宋學一員押陣大將，而中期宋學亦已接踵開始了。

荊公思想，對當時有大貢獻者，舉要言之，凡兩項。一為王霸論，二為性情論。王霸之辨原本孟子，但荊公別有新創。荊公謂王霸之異在心，其心異則其事異，其事異則其功異。所謂心異者，王者其心非有求，為吾所當為而已。故王者知為之於此，不知求之於彼。霸者之心為利，而假王者之道以示其所欲。其有為也，惟恐民之不見而下之不聞。此項辨論，推衍為以後之辨義利。自東漢以下，儒者大群福利之學衰，釋老出世之學興。老莊玩世，非真出世。出世之學，必至釋家而極。隋唐以下，天台禪華嚴繼起，特拈佛經心佛眾生三無差別一語，張皇幽眇，把佛的涅槃挽回到眾生的煩惱中來。說煩惱即淨土，眾生即佛，而綜綰之於一心。天台之一心三觀，華嚴之理事無礙，乃至事事無礙，禪宗之本來無一物乃至本分為人，皆已把佛家出世精神極度沖淡。然亦僅在消極方面立言，終缺一段積極精神。所為不同於老莊之玩世者，在其尚有一番宗教生活之嚴肅意味而已。因此在理論上，世出世間終是兩橛。唐代人物，一面建功立績，在世間用力。一面求禪問法，在出世間討歸宿。始終是分為兩扇的人生觀。宋儒自胡安定孫泰山石徂徠以下，都要回頭一意走向大群福利政治教育一方面來。但對佛家理論，或效韓愈之昌言排斥，則如石介。或師歐陽修之存而不論，自下功夫，到底未能將儒釋疆界清楚分別或消融歸一。荊公直承胡范歐陽而起，頗欲於道德文章事業三面兼盡。其於韓愈，亦已漸趨擺脫，而欲直接孟子。於佛書亦多所探究，此皆已接近了中期宋學的精神。其王霸論直從心源剖辨，認為王道霸術相異，只在一心。正如佛家心真如門與心生滅門只是一心，更無別法。但真如生滅會一，最多只解淡了些出世要求，在世事上仍不能有積極性之建立，今謂王霸合一，則漢唐事功全可即是王道路脈，只在建志運心處有不同。禪宗謂運水搬柴即是神通妙道，惟運水搬柴僅是日常本分。今荊公辨王霸，亦猶是運水搬柴之與神通妙道，而已把人生大群積極價值扶植起來。此其由虛轉實，由反歸正之大綱節所在也。

荊公又有〈大人論〉，謂：

孟子曰：充實而有光輝之謂大，大而化之之謂聖，聖而不可知之謂神，此三者皆聖人之名。由其道而言謂之神，由其德而言謂之聖，由其事業言謂之大人。道存乎虛無寂寞不可見之間，苟存乎人，則所謂德也。是以人之道雖神，不得以神自名，名乎其德而已。夫神雖至矣，不聖則不顯。聖雖顯矣，不大則不形。稱其事業以大人，則其道之為神，德之為聖可知。故神之所為，當在於盛德大業。德則所謂聖，業則所謂大也。世以為德業之卑，不足以為道，道之至在於神耳，於是棄德業而不為。夫為君子者，皆棄德業而不為，則萬物何以得主乎？故曰神非聖不顯，聖非大不形，比天地之大，古人之全體也。

佛家有法報應三身說，又分自性身，受用身，與變化身，荊公此論頗似之。神猶佛之法身或自性身也。聖猶佛之報身或受用身。大即佛之應身或變化身也。三身即一佛，猶謂大人聖人神人皆一聖。依荊公理論，則道德神聖皆即事業。大事業始是真道德，真神聖。佛家以法身為主，依法身而有報身應身，是謂由真轉俗。荊公則恰來一倒轉。以大人為主，依大人而有聖人神人，則為由俗顯真。何以大人即為聖神，事業即為道德，其本在心地。此在王霸論已經發揮，猶如佛家亦必建本心地，始可綰真如門生滅門為一。始可謂生滅即涅槃，煩惱即菩提也。今儒家亦建本心地，始可謂事業即道德神聖，功利霸術即天德王道，所差只在心上。荊公新政即本此等見解，故青苗均輸持籌握算，不害其為王政。當時反對者，其理論立場，皆不能如荊公之高。故反對者自反對，力行者自力行。只有程明道了解荊公哲學立場，故其反對理論亦頗不如同時人之偏狹也。

與荊公王霸之辨意見相同者尚有劉原父（敞）。至李泰伯（覯）則謂：

> 天下無孟子可也，不可無六經。無王道可也，不可無天子。（〈常語〉）

此等意見，以今語譯之，猶謂寧可無好政治，卻不可無一中央統一政府。其意頗近荀子尚禮一派，司馬光意見與李覯大同。謂：

> 霸之為言伯也，齊桓晉文，天子冊命，使續方伯之職，謂之霸主。而後世學者，乃更以皇帝王霸為德業之差，謂其所行各異道，此乃儒家之末失也。（《溫公集》六十一〈答郭純長官書〉）

又曰：

> 合天下而君之之謂王，分天下而治之曰二伯。自孟荀而下，皆曰由何道而王，由何道而霸，道豈得有二哉。方伯，瀆也，天子，海也，小大雖異，水之性奚以異哉。（《迂書・道同》）

此完全在名分上立論，與李覯意見大同。因溫公乃史學派，主經驗主義，與荊公為經學派主理想主義者分歧。若論史實，溫公之說或為更得古史之真相。抑且溫公理論，亦同樣看重實際事業，不欲德業分途，故說王霸無二。當知此乃初期宋學一共同精神，由釋返儒，由出世思想轉回淑世主義，都先看重社會大群福利事業，此則溫公荊公之所同。惟溫公意見，終不能把心性事業融成一片，仍在韓愈歐陽修路上，仍跳不出唐人境界。荊公分辨王霸，並非輕蔑事業，並非把德業分途。只有照荊公意見，始能把事業價值真提高，始能把事業與道德神聖真融成一片。其關捩則在從心地上建本，出世入世，由此綰合。同時惟程明道對儒釋思想，用過深切功夫，因此對荊公王霸論極表贊同。稍稍把此番理論，從大群集體的政治意味上轉到小己性行的修養方面，便成為義利之辨。推衍之極，至南宋張南軒（栻）乃謂「只此心稍有所向便是利」。如此則義利之辨，仍只建本於一心，仍只分辨於一心，故他們極尊董仲舒「正其誼不謀其利，明其道不計其功」之二語。其實此處並非看不起功利，只要把功利與心性打成一片。若拋卻心性而談功利，自然有一派人會拋卻功利而談心性，如是則最高仍在唐人境界下。今宋儒則要超越唐人，回復三代。此非只是歷史上之復古，乃是一種功利與心性之融成一片，即世出世之融成一片，亦即是儒釋融成一片之一種理想境界。乃思想史上之一種更深更進之結合也。溫公似乎未嘗接觸到此一難題，故其政治人格，雖為此下宋儒所袒護，但在思想理論路線上，則宋人並不認為是正統。朱子已謂涑水格物未精，元儒吳草廬（澄）甚至謂其尚在不著不察之列。荊公之政治人格大受後人詆排，但在思想系統上，則始終有其不動搖的地位。朱子與陳龍川辨王霸義利，依然是直接荊公，而龍川則轉似溫公。到底事功須從心性中流出，而事功又包不盡心性，一偏一圓之間，荊公的王霸辨與大人論，不能不說在宋學上有大貢獻。

荊公尚有一致論，謂「萬物莫不有至理，能精其理則聖人也。精其理之道，在乎致其一。致其一，則天下之物，可以不思而得也」。觀此知荊公確是一有哲學頭腦的人。他要在萬物中求理，要在理中求一致。他的思想，在求高度的系統與組織，因此他在初期宋學中亦最為卓出。

其次要說及他的性情論。隋唐間佛家早已盛談心性，而儒家於此轉沉寂。韓愈李翶始亦談論及此，尤其是李翶之〈復性書〉，值得注意。他云：

> 人之所以為聖人者，性也。人之所以惑其性者，情也。情既昏，性斯匿矣。水之渾也，其

流不清。火之煙也，其光不明。非水火清明之過。沙不渾，流斯清矣。煙不鬱，光斯明矣。情不作，性斯充矣。性與情不相無，然無性則情無所生，是情由於性而生。情者，性之動也，百姓溺之而不能知其本。聖人者，人之先覺者也。覺則明，否則惑。惑則昏，明與昏謂之不同。性本無有，則同與不同離矣。夫明者所以對昏，昏既滅，則明亦不立矣。（〈復性書〉上篇）

或問曰：人之昏久矣，將復其性者必有漸，敢問其方。曰弗慮弗思，情則不生。情既不生，乃為正思。正思者，無慮無思也。（中篇）

此文，顯然是陽儒陰釋。開頭即曰人之所以為聖人者性也，此即襲佛性義。其性情分說，正是心真如門與心生滅門之老圈套。弗思弗慮乃為正思，此是禪宗大綱領。但佛家本求出世，儘可弗思弗慮。儒家主張淑世，即思不出其位尚須矯正，應該無所不思。情思相生，卻不能說有思無情。故必主張情非惡，始可把人生紐轉到積極正面來。在西方文藝復興時代，把人生由靈魂挽轉到肉體。同樣有似於北宋之初期，如徐積劉敞諸人，都主張人情非惡，都要駁擊荀子。當知如此立論，始可由釋轉儒。荊公在此方面亦有大貢獻。他的性情論，亦在駁斥李翺的性善情惡論。他說：

喜怒哀樂未發於外而存於心，性也。喜怒哀樂發於外而見於行，情也。性者情之本，情者性之用，性情一也。

若夫善惡則猶中與不中也。曰：然則性有惡乎。曰，孟子曰：養其大體為大人，養其小體為小人。楊子曰：人之性善惡混。是知性可以為惡也。（〈性情〉）

此處荊公主張性情一體，但又主張性亦可以為惡。佛有闡提性，天台宗已言之，荊公以未發存中為性，已發見行為情，則善惡之辨正在未發已發之際。人生萬不能不發，抑且無時不發，然則如何充善去惡，正當在此未發已發之際下工夫。同時周濂溪說幾善惡，又主張主靜立人極，此下程門乃專以未發以前氣象開示來學，荊公路脈頗與相近。荊公又說：

太極者，五行之所由生，而五行非太極也。性者，五常之太極也，而五常不可以謂之性。太極生五行，而後利害生焉，而太極不可以利害言也。性生乎情，有情然後善惡形焉，而性不可以善惡言也。（〈原性〉）

然則荊公主張性可以為善，亦可以為惡，卻不主張性有善惡。劉敞反對其說，云：

太極者，氣之先而無物之物者也。人之性亦無物之物乎，聖人之言人性也，固以有之為言，豈無之為言乎。是亂名者也。（《公是先生弟子記》）

此一異同，後來宋學上成為一嚴重之糾紛，而劉王當時已啟其端。佛學到底對實際人生有厭離怯弱之意。荊公主張性情一，情亦可以為善，如此則一般性善情惡的意見已推翻，使人再有勇氣熱情來面對真實人生，此乃荊公在當時思想界一大貢獻。惟荊公以性分體用言，（性者情之本，本即體也。）又分已發未發前後兩截言，此等見解，實受佛家影響。先秦孔孟思想並不如此。孟子只就人情發露處指點說性善，這是一種人文的一元論，或惟實的一元論。並未在人情發露之前或裏，來推想另一個存中不發之本體。孟子只說如火始然，如泉始達，並未想到未然以前之火，與未達以前之泉。惻隱羞惡辭讓是非皆指心，皆已發，實即皆指情。是非亦只是情，乃是一種辨析是非之情，並不指一種曉辨是非之知。曉辨是非之知，非盡人能有。辨析是非之情，則人人有之。不論辨得對不對，總之他要辨析。猶之羞惡之情，人人有之，然亦有用來羞惡惡衣惡食者。惻隱之情人皆有之，然亦有婦人姑息與下井救人者，然此皆無害於性之善。孟子論性，即指人情之發露，並未說別有一未發本體。已發未發之說，起於《中庸》。而後人說此未發本體，則實自佛家真如涅槃的意境下脫胎化出。可惜劉原父對此並沒有詳明深透的辨駁，此問題遂成為將來宋學上極費分疏的一件事。

今若隨宜劃分周邵張程為第二期宋學，則初期二期之間，顯有不同。初期氣魄較闊大，二期思想較深密。擬之孔門，初期略如先進弟子回賜由求，二期略如後進弟子游夏有曾。只荊公議論入細，已接觸到二期思想上的主要問題。如其辨性情，實頗近濂溪。此後晦翁仍沿此路。惟二程覺到劃分性情為先後二截之不妥，但亦不能深切糾正。明道對荊公頗極欣賞，謂：

介甫談道，正如對塔說塔上相輪，某則直入塔中，辛勤攀登。雖猶未見相輪，非能如公之言，然卻實在塔中，去相輪近也。（《語錄》一）

是明道只說荊公工夫未到家，卻仍佩服他見地，佩服他能說。又謂荊公舊年說話煞得。又曰介甫所見，終是高於世俗之儒。當時亦謂程伊川不偏之謂中，不易之謂庸，即荊公語。（晁說之說）朱子亦謂荊公新經儘有好處。又云：某嘗欲看一過，與摭撮其好者而未暇。又曰：《易》是荊公舊作，卻自好。又曰：介甫解書亦不可不看。王程兩家經學，直到南宋還是對立並行，故紹興二十五年有取士毋拘程頤王安石一家之說的詔書，可見荊公學術思想在宋學中之地位與力量。

《廬陵學案》別錄

《宋元學案》卷四《廬陵學案》，目錄云：「全氏補本。」然全氏此卷底稿已殘缺，今本特王梓材以意葺錄者。僅據謝山《學案劄記》鈔入《易童子問》三卷，又據謝山〈序錄〉鈔〈文集本論〉中下兩篇，殊不見廬陵論學精神，且亦恐非謝山意也。爰就廬陵文別錄數篇，稍見其大體焉。

廬陵論學，首宜大書特書者，厥為其對於經學之見解。今《居士集》卷四十三有〈廖氏文集序〉曰：

自孔子歿而周衰，接乎戰國，秦遂焚書，六經於是中絕。漢興，蓋久而後出。其散亂磨滅，既失其傳，然後諸儒因得措其異說於其間。如河圖、洛書，怪妄之尤甚者。余嘗哀夫學者知守經以篤信，而不知偽說之亂經也。屢為說以黜之，而學者溺其久習之傳，反駭然非余。以一人之見，決千歲不可考之是非，欲奪眾人之所信，徒自守而世莫之從也。余以謂自孔子歿，至今二千歲之間，有一歐陽修者為是說矣，又二千歲，焉知無一人焉與修同其說也？又二千歲，將復有一人焉，然則同者至於三，則後之人不待千歲而有也。同予說者既眾，則眾人之所溺者，可勝而奪也。夫六經非一世之書，其將與天地無終極而存也。以無終極視數千歲，於其間，頃刻爾。是則余之有待於後者遠矣，非汲汲有求於今世也。衡山廖倚與余遊三十年，已而出其兄偁之遺文百餘篇，號朱陵編者，其論〈洪範〉，以為九疇聖人之法爾，非有龜書出洛之事也。余乃知不待千歲，而有與余同於今世者。始余之待于後世也，冀有因余言而同者爾。若偁者，未嘗聞余言，蓋其意有所合焉。然則舉今之世，固有不相求而同者矣，亦何待於數千歲乎？……知所待者必有時而獲，知所畜者必有時而施。苟有志焉，不必有求而後合。余嘉與偁不相求而兩得也，於是乎書。

按此文作於嘉祐六年，可見廬陵治經之意態矣。其《易童子問》疑《十翼》，〈春秋論〉（上中下三篇《居士集》卷十八）疑三傳，為《詩本義》不守毛鄭，皆不輕信前人傳注舊說，而獨窮遺經於二千歲之上者。王厚齋曰：「歐陽公以河圖、洛書為怪妄。東坡云：著於《易》，見於《論語》，不可誣也。南豐云：以非所習見，則果於以為不然，是以天地萬物之變，為可盡於耳目之所及，亦可謂過矣。蘇曾皆歐陽公門人，而議論不苟同如此。」自今觀之，更可見廬陵之卓然特出，其所稱於廖偁者之洵不虛也。而於當時特有關係者，則為對於《周禮》之意見。今《居士集》卷四十八有〈策進士問〉數篇道其意云：

問六經者，先王之治具，而後世之取法也。《書》載上古，《春秋》紀事，《詩》以微言感刺，《易》道隱而深矣，其切於世者，《禮》與《樂》也。自秦之焚書，六經盡矣，至漢而出者，皆其殘脫顛倒，或傳之老師昏耄之說，或取之冢墓屋壁之間，是以學者不明，異說紛起。況乎《周禮》，其出最後，然其為書備矣。其天地萬物之統，制禮作樂，建國君民，養生事死，禁非道善，所以為治之法，皆有條理。三代之政美矣，而周之治迹所以比二代而尤詳，見於後世者，《周禮》著之故也。然漢武以為瀆亂不驗之書，何休亦云六國陰謀之說，何也？然今考之，實有可疑者。

夫內設公卿大夫士，下至府史胥徒以相副貳，外分九服，建五等，差尊卑以相統理，此《周禮》之大略也。而六官之屬，略見於經者，五萬餘人，而里閭縣都之長，軍師卒伍之徒不與焉。王畿千里之地，為田幾井，容民幾家，王官王族之國邑幾數，民之貢賦幾何，而又容五萬人者於其間。其人耕而賦乎？如其不耕而賦，則何以給之？夫為治者，故若是之煩乎？此其一可疑者也。秦既誹古，盡去古制。自漢以後，帝王稱號，官府制度，皆襲秦故。以至於今，雖有因有革，然大抵皆秦制也。未嘗有意於《周禮》者。豈其體大而難行乎？其果不可行乎？夫立法垂制，將以遺後也，使難行而萬世莫能行，與不可行等爾。然則反秦制之不若也。脫有行者，亦莫能興，或因以取亂，王莽後周是也。則其不可用決矣。此又可疑也。然其祭祀衣服車騎，似有可采者，豈所謂郁郁之文乎？三代之治，其要如何？《周禮》之經，其失安在？宜於今者，其理安從？其悉陳無隱！

又問三王之治，損益不同，而制度文章，惟周為大備。《周禮》之制，設六官以治萬民，而百事理。夫公卿之任重矣，若乃祭祀天地日月宗廟社稷四郊明堂之類，天子大臣所躬親者，一歲之間有幾？又有巡狩朝會師田射耕燕饗，凡大事之舉，一歲之間又有幾？而為其民者，亦有畋獵學校鄉射飲酒，凡大聚會，一歲之間有幾？又有州黨族官歲時月朔春秋酺禜詢事讀法，一歲之間又有幾？其齋戒供給期召奔走廢日幾何？由是而言，疑其官不得安其府，民不得安其居，亦何暇修政事，治生業乎？何其煩之若是也？然說者謂周用此以致太平，豈朝廷禮樂文物，萬民富庶豈弟，必如是之勤且詳，然後可以致之歟？後世苟簡，不能備舉，故其未能及於三代之盛歟？然為治者果若是之勞乎？用之於今，果安焉而不倦乎？抑其設施有法，而弟弗深考之歟？諸君子為言之！

按此問在仁宗嘉祐二年，程顥張載朱光庭蘇軾蘇轍曾鞏皆以是科及第。前策尚在嘉祐二年前，李覯作《周禮致太平論》則在皇祐四年。

宋儒自胡安定以經義時務分齋講學，一時風氣競務於通經致用，盱江李泰伯遂為《周禮致太平論》，及王介甫用事，乃依會《周禮》行新法。此皆廬陵鄉人，接聞廬陵之風聲而起者。廬陵獨深不喜迂今媚古之見。凡其致疑於《周禮》者，蓋有感於時論而發。及南渡以後，如葉水心馬貴與之徒，皆競言《周禮》成法不足推行於後世矣。然水心仍擺脫偽見未盡，顧以譏廬陵謂「歐陽氏策，為三代井田禮樂而發者五，似歎先王之道不得行於後世者，然其意則不以漢唐為非，豈特不以為非，而直謂唐太宗之治幾乎三王，則不必論矣」，而不知此正廬陵之卓然特出於時流者。

廬陵論政制頗疑《周禮》，論心性又疑及《中庸》。今《居士集・策問》有及此者，云：

問：禮樂之書，散亡而雜出於諸儒之記，獨《中庸》出於子思。子思，聖人之後也，其所傳宜得其真，而其說有異乎聖人者，何也？《論語》云「吾十有五而志于學，三十而立，四十而不惑，五十而知天命」，蓋孔子自年十五而學，學十五年而後有立，其道又須十年而一進。孔子之聖，必學而後至，久而後成，而《中庸》曰「自誠明謂之性，自明誠謂之教」，自誠明，生而知之也，自明誠，學而知之也。若孔子者，可謂學而知之者。孔子必須學，則《中庸》所謂自誠而明，不學而知之者，誰可以當之歟？堯用四凶，其初非不思也，蓋思之不能無失耳，故曰「惟帝其難之」。舜之於事，必問於人而擇焉，故曰「舜好問」。禹之於事，己所不決，人有善之言，則拜而從之，故曰「禹拜昌言」。湯之有過，後知而必改，故曰「改過不恡」。孔子亦嘗有過，故曰「幸，苟有過，人必知之」。而《中庸》曰：「誠者不勉而中，不思而得。」夫堯之思慮常有失，舜禹常待人之助，湯與孔子常有過，此五君子者，皆上古聖人之明者，其勉而思之，猶有不及，則《中庸》之所謂不勉而中，不思而得者，誰可以當之歟？此五君子者，不足當之，則自有天地已來，無其人矣。豈所謂虛言高論，而無益者歟？夫孔子必學而後至，堯之思慮或失，舜禹必資於人，湯孔不能無過，此皆勉人力行不怠有益之言也。若《中庸》之誠明不可及，則怠人而中止，無用之空言也。故予疑其傳之謬也。吾子以為如何？

自唐李翺〈復性書〉盛推《中庸》，宋儒尤樂道，雖范文正亦爾，廬陵獨疑之。蓋不徒疑《中庸》也。凡當時言心言性之說，廬陵皆不喜，《居士集》卷四十七有〈答李詡第二書〉暢論其意。書曰：

修曰：前辱示書，及〈性詮〉三篇，見吾子好學善辯，而文能盡其意之詳。今世之言性者多矣，有所不及也，故思與吾子卒其說。修患世之學者多言性，故常為說曰：夫性，非學者之所急，而聖人之所罕言也。《易》六十四卦不言性，其言者，動靜得失吉凶之常理也。《春秋》二百四十二年不言性，其言者，善惡是非之實錄也。《詩》三百五篇不言性，其言者，政教興衰之美刺也。《書》五十九篇不言性，其言者，堯舜三代之治亂也。《禮》、《樂》之書雖不完，而雜出於諸儒之記，然其大要，治國修身之法也。六經之所載，皆人事之切於世者，是以言之甚詳。至於性也，百不一二言之，或因言而及焉，非為性而言也，故雖言而不究。予之所謂不言者，非謂絕而無言，蓋其言者鮮，而又不主於性而言也。《論語》所載七十二子之問於孔子者，問孝問忠，問仁義，問禮樂，問修身，問為政，問朋友，問鬼神者有矣，未嘗有問性者。孔子之告其弟子者凡數千言，其及於性者，一言而已。予故曰非學者之所急，而聖人之罕言也。《書》曰：「習與性成」，《語》曰：「性相近，習相遠」者，戒人慎所習而言也。《中庸》曰：「天命之謂性，率性之謂道」者，明性無常，必有以率之也。《樂記》亦曰：「感物而動性之欲」者，明物之感人無不至也。然終不言性果善果惡，但戒人慎所習與所感，而勤其所以率之者爾。予故曰因言以及之，而不究也。修少好學，知學之難，凡所謂六經之所載，七十二子之所問者，學之終身有不能達者矣。於其所達，行之終身有不能至者矣。以予之汲汲於此，而不暇乎其他，因以知七十二子亦以是汲汲而不暇也。又以知聖人所以教人垂世，亦皇皇而不暇也。今之學者，於古聖賢所皇皇汲汲者，學之行之，或未至其一二，而好為性說，以窮聖賢之所罕言而不究者。執後儒之偏說，事無用之空言，此予之所不暇也。或有問曰：性果不足學乎？予曰：性者，與身俱生，而人之所皆有也。為君子者，修身治人，而己性之善惡不必究也。使性果善邪？身不可以不修，人不可以不治。使性果惡邪？身不可以不修，人不可以不治。不修其身，雖君子而為小人，《書》曰：「惟聖罔念作狂」是也。能修其身，雖小人而為君子，《書》曰：「惟狂克念作聖」是也。治道備，人斯為善矣，《書》曰：「黎民於變時雍」是也。治道失，人斯為惡矣，《書》曰：「殷頑民」，又曰：「舊染汙俗」是也。故為君子者，以修身治人為急，而不窮性以為言。夫七十二子之不問，六經之不主言，或雖言而不究，豈略之哉？蓋有意也。或又問曰：然則三子言性過歟？口：不過也。其不同，何也？曰：始異而終同也。使孟子曰人性善矣，遂怠而不教，則是過也。使荀子曰人性惡矣，遂棄而不教，則是過也。使楊子曰人性混矣，遂肆而不教，則是過也。然三子者，或身奔走諸侯以行其道，或著書累千萬言以告于後世，未嘗不區區以仁義禮樂為急，蓋其意以為善者一日不教，則失而入于惡，惡者勤而教之，則可使至于善。混者驅而率之，則可使去惡而就善也。其說與《書》之習與性成，《語》之性近習遠，《中庸》之有以率之，《樂記》之慎物所感，皆合。夫三子者，推其言則殊，察其用心則一，故予以為推其言不過始異而終同也。凡論三子者，以予言而一之，則譊譊者可以息矣。予之所說如此，吾子其擇焉。

昔閻百詩辨《偽古文尚書》，毛西河語之曰：姚立方，子之廖偁，此以百詩之疑經辨偽上擬廬陵也。今觀廬陵此書，又儼然顧亭林之先聲矣。廬陵友人劉公是特辨之，又不啻張蒿菴之折亭林也。近人奉顧閻為清學開山，謂其議論途轍，足以一反宋人之所為，豈謂宋學啟先，此等議論途轍，固已先清儒而有乎？

然廬陵雖疑經辨偽，不喜言心性，而廬陵胸中自有一番古聖人及所謂古聖人之道者在，其意可徵之於〈本論〉之上篇。（《居士集》卷十七）其言曰：

佛法為中國患千餘歲，世之卓然不惑而有力者，莫不欲去之。已嘗去矣，而復大集。攻之暫破而愈堅，撲之未滅而愈熾，遂至於無可奈何。是果不可去邪？蓋亦未知其方也。夫醫者之於疾也，必推其病之所自來，而治其受病之處。病之中人，乘乎氣虛而入焉，則善醫者不攻其疾，而務養其氣，氣實則病去，此自然之効也。故救天下之患者，亦必推其患之所自來，而治其受患之處。佛為夷狄，去中國最遠，而有佛固已久矣。堯舜三代之際，王政修明，禮義之教充於天下，於此之時，雖有佛，無由而入。及三代衰，王政闕，禮義廢，後二百餘年，而佛至乎中國。由是言之，佛所以為吾患者，乘其闕廢之時而來，此其受患之本也。補其闕，修其廢，使王政明而禮義充，則雖有佛，無所施於吾民矣。此亦自然之埶也。昔堯舜三代之為政，設為井田之法，籍天下之人，計其口而皆授之田，凡人之力能勝耕者，莫不有田而耕之。斂以什一，差其征賦，以督其不勤。使天下之人力，皆盡於南畝，而不暇乎其他。然又懼其勞且怠而入於邪僻也，於是為制牲牢酒醴以養其體，弦匏俎豆以悅其耳目，於其不耕休力之時而教之以禮。故因其田獵而為蒐狩之禮，因其嫁娶而為婚姻之禮，因其死葬而為喪祭之禮，因其飲食群聚而為鄉射之禮。非徒以防其亂，又因而教之，使知尊卑長幼凡人之大倫也。故凡養生送死之道，皆因其欲而為之制。飾之物采而文焉，所以悅之使其易趣也。順其情性而節焉，所以防之使其不過也。然猶懼其未也，又為立學以講明之。故上自天子之郊，下至鄉黨，莫不有學。擇民之聰明者而習焉，使相告語而誘勸其愚惰。嗚呼，何其備也！蓋三代之為政如此，其慮民之意甚精，治民之具甚備，防民之術甚周，誘民之道甚篤。行之以勤，而被於物者洽，浸之以漸，而入於人者深。故民之生也，不用力乎南畝，則從事於禮樂之際。不在其家，則在乎庠序之間。耳聞目見，無非仁義。樂而趣之，不知其倦。終身不見異物，又奚暇夫外慕哉？故曰：雖有佛，無由而入者，謂有此具也。及周之衰，秦併天下，盡去三代之法，而王道中絕。後之有天下者，不能勉彊，其為治之具不備，防民之漸不周，佛於此時乘間而出。千有餘歲之間，佛之來者日益眾，吾之所為者日益壞。井田最先廢，而兼并游惰之姦起。其後所謂蒐狩婚姻喪祭鄉射之禮，凡所以教民之具，相次而盡廢，然後民之姦者有暇而為佗。其良者，泯然不見禮義之及己。夫姦民有餘力，則思為邪僻。良民不見禮義，則莫知所趣。佛於此時乘其隙，方鼓其雄誕之說而牽之，則民不得不從而歸矣。又況王公大人，往往倡而毆之，曰佛是真可歸依者，然則吾民何疑而不歸焉？幸而有一不惑者，方艴然而怒曰：佛何為者，吾將操戈而逐之，又曰吾將有說以排之。夫千歲之患，徧於天下，豈一人一日之可為？民之沈酣，入於骨髓，非口舌之可勝。然則將奈何？曰：莫若修其本以勝之。昔戰國之時，楊墨交亂，孟子患之，而專言仁義。故仁義之說勝，則楊墨之學廢。漢之時，百家並興，董生患之，而退修孔氏。故孔子之道明，而百家息。此所謂修其本以勝之之効也。今八尺之夫，被甲荷戟，勇蓋三軍，然而見佛則拜，聞佛之說則有畏慕之誠者，何也？彼誠壯佼，其中心茫然，無所守而然也。一介之士，眇然柔懦，進趨畏怯，然而聞有道佛者，則義形於色，非徒不為之屈，又欲驅而絕之者，何也？彼無佗焉，學問明而禮義熟，中心有所守以勝之也。然則禮義者，勝佛之本也。今一介之士，知禮義者，尚能不為之屈，使天下皆知禮義，則勝之矣。此自然之勢也。

此意廬陵又時發之於試進士之策問。曰：

問禮樂，治民之具也。王者之愛養斯民，其於教導之方，甚勤而備。故禮防民之欲也周，樂成民之俗也厚。苟不由焉，則賞不足勸善，刑不足禁非，而政不成。大宋之興八十餘歲，明天子仁聖，思致民於太平，久矣！而天下之廣，元元之眾，州縣之吏，奉法守職，不暇其他，使愚民目不識俎豆，耳不聞弦匏，民俗頑鄙，刑獄不衰，而吏無任責。夫先王之遺文具在，凡歲時吉凶聚會，考古禮樂，可施民間者，其別有幾？順民便事，可行於今者有幾？行之固有次第，其所當先者又有幾？禮樂興而後臻於富庶歟？將既富而後教之歟？夫政緩而迂，鮮近事實，教不以漸，則或戾民。欲其不迂而政易成，有漸而民不戾者，其術何云？儒者之於禮樂，不徒誦其文，必能通其用。不獨學於古，必可施於今。願悉陳之無讓！

按此策在慶曆二年。

問古者為治有繁簡，其施於民也有淺深，各適其宜而已。三代之盛時，地方萬里，而王所自治者，千里而已，其餘以建諸侯。至於禮樂刑政，須其大法而使守之，則其大體蓋簡如此。諸侯大小國蓋數千，必各立都邑，建宗廟，卿士大夫朝聘祭祀，訓農練卒，居民度土，自一夫以上，皆有法制。則其於眾務，何其繁也？今自京師至於海隅徼障，一尉卒之職必命於朝，政之大小皆自朝出，州縣之吏，奉行而已。是舉天下皆所自治，其於大體，則為繁矣。其州縣大小，邑閭田井，訓農練卒，一夫以上，略無制度，其於眾務，何其忽而簡也？夫禮以治民，而樂以和之，德義仁恩，長養涵澤，此三代之所以深於民者也。政以一民，刑以防之，此其淺者爾。今自宰相至于州縣有司，莫不行文書，治吏事，其急在於督賦歛，斷獄訟而已。此特淺者爾。禮樂仁義，吏不知所以為，而欲望民之被其教，其可得乎？夫治大以簡，則力有餘，治小以繁，則事不遺。制民以淺則防其僻，漸民以深則化可成。此三代之所以治也，今一切悖古，簡其當繁而繁其可簡，務其淺而忽其深，故為國百年而仁政未成，生民未厚者，以此也。然若欲使國體大小適繁急之宜，法政弛張盡淺深之術，諸侯井田不可卒復，施於今者何宜？禮樂刑政不可卒成，用於今者何便？悖古之失，其原何自？修復之方，其術何始？迹治亂，通古今，子大夫之職也，其悉心以陳焉！

大體言之，廬陵之學，猶是安定以來經義時務並重之旨，即劉彝仲所謂明體達用以為政教之本者也。葉氏《習學記言》論之曰：「以經為正，而不汩於章讀箋註，此歐陽氏讀書法也。」又曰：「歐陽氏語，文學止於潤身，政事可以及物。」故史稱學者求見，所與言未嘗及文章，惟談吏事。其策問亦多為三代井田禮樂而發。然惜其耗心力於文章者猶多。其贈荊公詩云：「翰林風月三千首，吏部文章二百年。老去自憐心尚在，後來誰與子爭先。」而荊公酬之云：「欲傳道義心雖壯，強學文章力已窮。他日若能窺孟子，終身何敢望韓公。」故荊公論學，由文章政事而寖寖及夫性道，然猶不免文章習氣，而於政事尤急切。至伊洛出，始一掃文辭之習，而於政事亦置於後圖，惟汲汲以辨性明道為先，此則宋學先進後進之所由異也。

讀智圓《閑居編》

宋真宗大中祥符九年丙辰，歐陽修方十歲，在隨州，見韓愈遺文六卷於李氏敝麓，乞得之，其後韓文大行，群推自歐陽氏啟之。然余考是年，釋智圓自序其《閑居編》於錢塘之孤山。其言曰：釋智圓於講佛經外，好讀周孔揚孟書，往往學為古文以宗其道。又愛吟五七言詩以樂其性情。其言學古文，即是學韓。書中卷三十九有〈讀韓文詩〉云：

文不可終否，天生韓吏部，叱偽俾歸真，鞭今使復古。異端維既絕，儒宗缺皆補。高文七百篇，炳若日月懸，力扶姬孔道，手持文章權。來者知尊儒，孰不由玆焉。我生好古風，服讀長灑蒙，何必唐一經，文道方可崇。

其推挹韓文如此，早在歐陽前。又同卷有〈述韓柳詩〉謂：

後生學韓文，於釋長狺狺。未知韓子道，先學韓子嗔。忘本以競末，今古空勞神。

是當時已多因誦韓文而斥佛者。又卷二十八〈師韓議〉云：

吾門中有為文者，反斥本教以尊儒術，乃曰師韓愈之為人也，師韓愈之為文也，則於佛不得不斥，於儒不得不尊，理固然也。

是則尊韓斥佛，其風並寖被於方外。又同卷〈駁嗣禹說〉謂：种徵君作〈嗣禹說〉，大抵以排斥釋氏為意。謂堯水禹治，仲尼能嗣禹績，次孟軻揚雄王通韓愈，以愈排斥浮圖能嗣禹功。种放卒於大中祥符八年乙卯，穆修從之受《易》，疑穆氏為古文，師韓柳，或亦由种啟之。穆修登進士第在大中祥符二年己酉，其從遊於种，當在此時前後。〈駁嗣禹說〉稱种徵君，或當在咸平四五年种初見召時，穆修尚未與种相識，年僅二十三四，其治韓文或當在後，而智圓种放轉以方外治韓文在穆修前矣。此上惟柳開仲塗，遠在太祖開寶六年成進士，而其始學韓文，尚在成進士前十年，是太祖乾德元年也。開初名肩愈，號紹先，謂紹其族之先人柳宗元。智圓《閑居編》亦屢以韓柳齊稱。穆修得柳文，刻之京師，其年為仁宗天聖九年辛未，歐陽修方先一年成進士，而智圓之卒，在真宗乾興元年壬戌，先是十年矣。王通在唐代，頗少稱述，至晚唐皮陸始加推崇，柳開自稱先慕韓愈為文，作〈東郊野夫傳〉。既乃探六經之旨，有包括揚孟之志，樂與文中子齊其著述，遂改名開，字仲塗，意謂將開古聖賢之道於時，乃作〈補亡先生傳〉，常謂惟談孔孟荀揚王韓以為企跡。《閑居編》卷二十六有〈讀中說〉篇，謂：

> 仲淹之道，中說之辭，沒然不稱，惟陸龜蒙皮日休孫郃稍道其美，而尚未能禦其侮以闡其幽也。洎聖朝孫漢公作〈辨文中子〉一篇，使橫議者不能塞路，由是後學恥不讀仲淹之書，恥不知仲淹之道，使後世胥附於王通者，漢公之力也。

孫漢公乃孫何，太宗淳化三年壬辰成進士，與柳開略同時而稍後。是王通在宋初，已多推敬。《閑居編》卷四十六又有〈讀王通中說詩〉，謂：

> 孟軻荀況與揚雄，代異言殊道一同。夫子文章天未喪，又於隋世產王通。

又卷二十六有〈讓李習之〉文，謂：

> 仲淹之書，辭淳理真，不在《法言》下，習之答梁載書以與太公家教同科，品藻無當。既

蔽往賢，又誤後學。

又卷十六〈對友人問〉，以周公孔子孟軻揚雄王通韓柳為儒統。又卷二十七〈敘傳神〉，謂：

仲尼得唐虞禹湯文武姬公之道。仲尼既沒，能嗣仲尼之道者，惟孟軻荀卿揚子雲王仲淹韓退之柳子厚而已。

其尊推通，亦近种放。厥後石介孫復諸人繼起，抑皆在种放智圓之後矣。智圓又極推《中庸》，故自號中庸子，《閑居編》卷十九有〈中庸子傳〉三篇，謂儒釋者，言異而理貫，莫不化民，俾遷善遠惡也。儒者飾身之教，故謂之外典。釋者修心之教，故謂之內典也。蚩蚩生民，豈越於身心哉。非吾二教，何以化之乎？嘻！儒乎釋乎，其共為表裏乎？世有限於域內者，故厚誣於吾教，謂棄之可也。世有滯於釋氏者，往往以儒為戲。豈知夫非仲尼之教則國無以治，家無以寧，身無以安。釋氏之道，何由而行哉。又謂儒家之中庸，猶龍樹之所謂中道義也。諸法云云，一心所變。心無狀也，法豈有哉。亡之彌存，性本具也。存之彌亡，體非有也。非亡非存，中義著也。能仁千言萬說，豈逾此旨乎。蓋智圓八歲即受具，二十一歲傳天台三觀，（亦見〈中庸子傳〉）故其言如此。蓋自唐李翺以來，宋人尊《中庸》，似無先於智圓者。《閑居編》卷十六〈三笑圖讚〉有曰：

釋道儒宗，其旨本融，守株則塞，忘筌乃通。

又卷三十七〈挽歌詞〉：

平生宗釋復宗儒，竭慮研精四體枯。莫待歸全寂無語，始知諸法本來無。

又卷四十〈講堂書事〉有曰：

早翫台衡宗，佛理既研精。晚讀周孔書，人倫由著明。揚雄玄尚白，仲尼道不行，唯當照真空，萬事從營營。

時儒學尚未興，朝廷大臣如楊億王欽若陳堯叟夏竦之徒皆佞佛，范仲淹胡瑗尚年少，智圓先入空門，晚知尊儒，《閑居編》卷四十八〈潛夫詠〉自謂：

宗儒述孟軻，好道注陰符，虛堂踞高臺，往往談浮圖，漫衍雖無家，大方貴無隅，俗人每側目，訂之為狂徒。

又卷四十九〈湖居感傷詩〉有云：

> 禮樂師周孔，虛無學老莊。躁嫌成器晚，心競寸陰忙。翼翼修天爵，孜孜恥面牆。內藏儒志氣，外假佛衣裳。每惡銷金口，時勞疾惡腸。

以一釋子而切慕儒術於舉世不為之時，宜為一時所詫怪矣。後人言宋初釋子通儒學，輒舉契嵩《鐔津》一集，然契嵩持承智圓而起，已當仁宗時，韓富當國，歐陽已為一代宗師，儒術已大昌，天下士方務為古文，慕韓氏之闢佛尊孔，契嵩乃作〈原教〉、〈孝論〉諸篇，明儒釋之一貫，豈如智圓方值佛門尚盛，而先誦儒典乎。又二人皆以未及十齡之幼童即入山門，皆通外典，經子博洽，亦見當時方外風氣之一般。余又考智圓佛典撰述目錄，凡一百七十餘卷，其內學造詣，亦確然為山家一尊宿。其疏《四十二章經》云：

> 佛教東傳，與仲尼伯陽之說為三。然孔老之訓詞，談性命未極於唯心，言報應未臻於三世。至於治天下，安國家，不可一日無也。至若釋氏之為教，指虛空界悉我自心，非止言太極生兩儀，玄牝為天地根而已。考善惡報應，悉我自業，非止言上帝無常，天網恢恢而已。有以見仲尼伯陽雖廣大悉備，其齊神明，研至理者，略指其趣耳。大暢其妙者，則存乎釋氏之教歟。

觀其言，雖兼尚孔老，而不失為一衲子如故。然余考其《閑居編》中所序佛書〈四十二章經序〉在第一編之第二篇，應在早歲。〈潛夫詠〉與〈湖居感傷詩〉則在第四十八四十九編，則顯出在後。則是智圓之學，乃彌老而彌向於儒，雖其變進，難以具體歲月確證，然宜可微窺而知也。故當時乃貶之為山外，然其高世之才，彌天之筆，則終亦不得不稱之。其生平著述多出病中。余此數年，胃病劇發，偶披釋典，閱其書，頗增同病之感，因為撮敘其大要焉。中華民國三十六年一月十五日在昆明五華學院。

附《閑居編》文目年月可考者抄摘如下

景德三年丙午　三十一歲　八月〈金剛錍顯性錄序〉

大中祥符二年己酉　三十四歲　四月〈請觀音經疏演義鈔序〉〈闡義鈔序〉

大中祥符四年辛亥　三十六歲　正月〈注觀心論後序〉

大中祥符五年壬子　三十七歲　二月〈盂蘭盆經疏摭筆鈔序〉

大中祥符六年癸丑　三十八歲　九月〈涅槃經疏三經指歸序〉

大中祥符七年甲寅　三十九歲　正月〈涅槃玄義發源機要記序〉

大中祥符八年乙卯　四十歲　二月〈觀經疏刊正記序〉　閏六月〈智者十德禮讚序〉　十二

月〈維摩經略疏垂俗記序〉

大中祥符九年丙辰　四十一歲　五月自序《閑居編》

天禧元年丁巳　四十二歲　〈書文殊般若經疏後序〉

天禧二年戊午　四十三歲　十月〈金光明經玄義表微記序〉　〈金光明經文句索隱記序〉

天禧三年己未　四十四歲　十月〈翻經通紀序〉　〈勉學〉

天禧四年庚申　四十五歲　二月〈文殊說般若經疏析重鈔序〉　〈首楞嚴經疏谷響鈔序〉

四月　〈普入不思議法門經序〉　八月〈病課集序〉

天禧五年辛酉　四十六歲　十一月〈阿彌陀經疏西資鈔序〉

乾興元年壬戌　四十七歲　正月〈生死無好惡論〉　〈吳遵路撰閑居編序〉

讀契嵩《鐔津集》

月前曾草〈宗密原人論〉一篇，認為佛學中禪與華嚴聯合，其思想路徑，可為宋代理學開先河。因念契嵩《鐔津集》，可證余說，遂續草斯篇。

契嵩已在宋仁宗時，（陳舜俞為作〈行業記〉，謂其卒於神宗熙寧之五年。）七歲出家，十三得度落髮，十九而遊方。當是時，天下之士學為古文，慕韓退之排佛而尊孔子。仲靈（契嵩字）作〈原教〉、〈孝論〉十餘篇，明儒釋之道一貫，以抗其說。皇祐中，復著《禪宗定祖圖》，《傳法正宗記》，抱其書游京師，奏上之。詔付傳法院編次，所著書自《定祖圖》而下，謂之《嘉祐集》。又有《治平集》，凡百餘卷。總六十有餘萬言。

懷悟之序曰：

又曰：

《正宗記》、《定祖圖》與今《文集》等，會計之，纔得三十有餘萬，其餘則蔑然無聞矣。

又曰：

仁宗皇帝讀其書，至臣固為道不為名，為法不為身，歎愛久之，旌以明教大師之號。

又曰：

師雖古今內外之書無所不讀，至於著書，乃廣明外教，皇極中庸之道，安危治亂之略，王霸刑名賞罰之權，而終導之無為寂默之道。

又曰：

當是時，宗儒東教輩，是非之鋒，謗罵之焰紛然。

又引歐陽修〈重讀徂徠集〉云：待彼謗燄熄，放此光芒懸。人生一世中，長短無百年。無窮在其後，萬世在其前。得長多幾何，得短未足憐。惟彼不可為，名聲文行然。讒誣不須辯，亦止百年間。百年後生者，憎愛不相緣。公議然後出，自然見媸妍。因曰：

師雖中間以護法遭難，然其所謂珠光玉彩，日精月華者，世雖見其有烟雲水火焚溺蔽虧之患，而其光采精華，固瑩如也。

是契嵩在當時，亦多遭謗議，今則無可詳考矣。但直至清代收其書入四庫，館臣為提要，猶譏其恃氣求勝，援儒入墨，則契嵩之遭謗議，可謂歷千年而未已也。

今讀其集，其文固儼然韓愈氏之古文，其所論則可以厝諸同時儒家諸集中而混然莫可辨。其內容固未臻乎卓至，然亦甚見其明通。其論經，《文集》卷七〈問經篇〉則曰：

史謂（史字疑誤）《易》與《春秋》，天道也。予欲尊而專之，子謂何如。曰：豈然乎？五經之治，猶五行之成陰陽也。苟一失，則乾坤之道繆矣。今尊二經而舍乎《詩》、《書》、《禮》，則治道缺。《禮》者，皇極之形容。《詩》者，教化之效。《書》者，事業之存。善言《書》者必稽乎事業。善言《詩》者必推於教化。善言《禮》者必宗其皇極。知皇極，可與舉帝王之制度。知教化，可與語移風易俗。知事業，可與語聖賢之所為。《詩》、《書》、《禮》其可遺乎。

下逮清儒，亦有言不通群經，不足以通一經者，而契嵩已先言之。而治經必歸之於政制治道風俗教化與聖賢事業之三者，則往往經生有不知。

其論子，《文集》卷七〈九流篇〉則曰：

儒家者流，其道尚備。老氏者流，其道尚簡。陰陽家者流，其道尚時。墨家者流，其道尚節。法家者流，其道尚嚴。名家者流，其道尚察。縱橫家者流，其道尚變。雜家者流，其道尚通。農家者流，其道尚足。然皆有所短長。苟拂短而會長，亦足以資治道。

其言一掃家派門戶之見。而契嵩以一僧人，關心治道，尤為不可及。故其於經，尤重〈洪範〉、《中庸》，《文集》卷四有〈皇極論〉一篇，〈中庸解〉五篇。其時，如胡安定重〈洪範〉，范仲淹重《中庸》，北宋儒學初興，其風如此。嘉祐新政正在其時，契嵩蓋亦受時風之影響也。

惟其時方提倡韓愈古文，而契嵩特著〈非韓篇〉。蓋佛學極盛於唐，獨韓愈辭而闢之。及乎宋初，佛門中皆讀韓文，余已著之於讀智圓之《閑居編》。自晚唐下迄五代，天下大亂，社會大群亟亟不可終日。苟非光明治道，即方外亦無以自安，佛道亦無以自存，其意備見於《閑居編》。其時儒學尚未盛，而智圓特於韓愈加以提倡。及契嵩繼起，儒學已臻光昌，釋氏地位日降，契嵩乃轉其辭鋒，援儒以衛佛。而於韓愈乃加譏貶。即於此兩人，亦大可覘世運學風之變矣。

《鐔津集》卷十七、十八、十九三卷，有〈非韓子〉三十篇，僅亦三萬餘言。其非韓大意，乃不在爭儒釋門戶，而即就儒義非之。蓋韓氏之言既有非，則其闢佛，亦自見其不可崇信也。其〈非韓〉第一篇有云：

韓子徒守人倫之近事，而不見乎人生之遠理。

其言遙如此後理學家所云。契嵩以佛徒好言理字。卷十〈上曾參政書〉引《唐書》，佛雖異方之教，無損為理之源。向所謂佛道有益教化在此。是契嵩既留心治道，又注意教化，可謂確然得儒家之統。而其提理字，則遠從竺道生，近取華嚴，固於佛門遠有淵源也。

又如第八篇〈非韓子三上宰相書〉，第十篇〈非韓子謫潮州刺史謝上表〉，諷勸朝廷封禪，此等皆後世儒家所不滿于韓集者，而契嵩皆已先發之。其第八篇〈辨獲麟解〉，謂西狩獲麟，麟不自然而出，韓子謂麟為孔子出，苟取雜家妄說，無經據。又謂麟為後代受命者之符瑞，皆經傳所不見。謂孔子為素王，誣聖人之甚。此皆經學中之正論。後世儒生尚有傳襲此等傳說者，而契嵩亦已獨加辨斥。又如第二十二篇，〈非韓子歐陽詹哀辭〉，引唐人〈黃璞傳〉，謂詹為一娼婦一慟而死，乃不孝。並引《太平廣記》為證。此等近於後世考據家言。誦韓文者，無不喜其〈歐陽詹哀辭〉，乃絕少知此。契嵩以一僧人，考索及之。其讀書之浩博無涯涘，亦可驚怪矣。

凡契嵩〈非韓〉三十篇，義理考據訓詁，皆所涉及。略見其一斑如上引，餘不贅。

契嵩治學著書之主要宗旨，則在援儒衛釋。其思想理論，多可與後起理學家言相呼應。《鐔津集》卷一〈輔教編上原教篇〉有曰：

萬物有性情，古今有死生。然而死生性情未始不相因而有。

死生問題乃釋迦出家一大動機，佛學引端在此。而性情問題，則禪宗弘忍慧能特所提挈也。又曰：

形象者舉有情，佛行情而不情耳。

此謂佛行情而不情，即猶王弼所謂聖人之情，應物而無累於物也。又曰：

情而為之，其勢近權。不情而為之，其勢近理。性相同，情相異。異焉而天下鮮不競，同焉而天下鮮不安。

此處分辨性情，其後程朱性即理之說，契嵩已啟其端。又曰：

吾佛之言性，與世書一也。水多得其同，則深為河海。土多得其同，則積為山嶽。大人多得其同，則廣為道德。

道德從同處來，即孟子所謂心之所同然也。其〈勸書〉第一則曰：

心者，聖人道義之本。世道資佛道而為其根本。

此謂善言心者乃佛道，故世道資以為本也。所謂聖人，乃指佛陀言。卷二〈輔教篇中・廣原教〉有曰：

惟心之謂道，闡道之謂教。教者，聖人明道救世之大端，乘時應機不思議之大用。不可以一槩求，不以世道擬議。得在乎心通，失在於迹較。

此謂聖人，皆指佛陀。心通則儒釋同，較迹則儒釋異。契嵩之援儒衛釋，亦謂釋亦無殊於儒而已。又曰：

心必至，至必變。變者識也，至者如也。如者，妙萬物者也。識者，紛萬物異萬物者也。變也者，動之幾也。至也者，妙之本也。萬物之變見乎情，天下之至存乎性。情性可以語聖人之教。萬物同靈之謂心。心與道，豈異乎哉。

謂心與道無異，即猶宋儒謂心即理。其辨心與性情，較以前禪家言心為進矣。其辨心與識，義近宗密。可以謂心即道，不可謂識即道也。故佛門中之唯識，終非至義。又曰：

情出乎性，性隱乎情。性隱則至實之道息矣。故聖人以性為教。

又曰：

以情教人，其在生死之間乎？以性教人，其出夫死生之外乎。情教其近也，性教其遠也。誕乎死生之外而罔之，其昧天理而絕乎生生之源也。

情教近，性教遠。情在生死之間，性出死生之外，語涵深義。是不啻謂佛陀之教，必至於慧能而始達其極至。此亦與宗密《原人論》同意。又曰：

何道無中，何道無教。

契嵩極重言中，此乃以儒家《中庸》會通於釋氏而言之。故曰：

有事中，有理中。事中，萬事之制中者也。理中，性理之至正者也。

聖人所以為理必誠，為事必權，而事與理皆以大中得。

華嚴言事理無礙，宗密縮之於禪，贊寧《宋高僧傳》稱宗密有曰：

本一心而貫諸法，顯真體而融事理。超羣有於對待，冥物我而獨運。

契嵩亦兼治華嚴，大有宗密之風。今傳本《六祖壇經》，淵源亦自契嵩，見《文集・六祖法寶記敘》。而其統事理於一中，中即本之心，所謂超群有於對待，冥物我而獨運也。故契嵩之言理與中，義皆一指，由是而落實於事為則為道。契嵩又曰：

事有宜，理有至。從其宜而宜之，所以為聖人之教也。即其至而至之，所以為聖人之道也。

又曰善。契嵩又曰：

聖人感人心而天下化之。與人順理之謂善，從善無迹之謂化。善之故，人慕而自勸。化之故，在人而不顯。

善不脩，人道絕矣。性不明，神道滅矣。聖人重人道，所以推善而益之。重神道，所以推性而嗣之。

聖人之感人心，由人心之同然。人受其感而化，亦若出於己心，不知由聖人之感，故曰在人而不顯。象山言此心同，此理同。而不重聖人之感化，則所言較契嵩為偏淺矣。又曰善，落實在人事，較具體，故曰人道。性會通於至極，較抽象，故曰神道。人道重修，神道重明。明出自性，而心則貴修，其言極深允。又曰：

人者天者聖人者，孰不自性而出。聖人者天者人者，孰不自善而成。所出者，固其本也。所成者，固其教也。

人與天與聖之三階層，契嵩乃用佛義。若依儒家言，則當曰天與聖人與人。其謂皆出於性，則猶朱子之言天即理。又曰：

全性莫若乎修，審性莫若乎證。修也者，治性之具也。證也者，見性之驗也。

佛家言修與證，亦猶孟子言身之與反之也。契嵩之言，不僅欲通儒釋，又兼欲通百家，故又曰：

古之有聖人焉，曰佛，曰儒，曰百家。心則一，其迹則異。一焉者，皆欲人為善也。異焉者，分家而各為其教也。

天下不可無儒無百家者，不可無佛。虧一教，則損天下之一善道。損一善道，則天下之惡加多矣。

以上雜引契嵩之闡佛道，其實皆由儒言而推廣言之。曰性情，曰心，曰理，曰善，曰化，曰教，曰修，皆一本儒言以闡佛道也。其闡申佛道之所主，本於一心，其義承自禪宗。言心必及乎事與理，則承自華嚴。其分言心與性，則實本之儒家，較之唐代禪宗不別心性，所識益進矣。其言事，則推極之於治平政制，顯已越出於釋氏，此見北宋風氣所尚。蓋契嵩言治道，一本儒家，惟言教化，則不當擯釋氏耳。其辨心與識，謂心必至，乃謂心必達至於事物之真以成識。事物多異多變，故曰變者識也。而又曰天下之至存乎性，蓋性則從同，此乃近於以後理學家程朱一派格物窮理之教。格物窮理，則即異求同也。朱子又以心屬氣，性屬理，可謂契嵩亦已先發之。惟契嵩所言，不如朱子之分別明析耳。

尤見為契嵩之特出者，《鐔津集》卷三〈輔教編下〉有〈孝論〉十三篇，卷十一〈與石門月禪師〉，自稱志在原教而行在孝論，亦可見其以此自重矣。其言曰：

天下之有為者，莫盛於生。吾資父母以生，故先於父母。天下之明德，莫善於教，吾資師以教，故先於師。天下之妙事，莫妙於道，吾資道以用，故先於道。道者神用之本，師者教誥之本，父母形生之本。是三本者，天下之大本也。白刃可冒也，飲食可無也，此不可忘也。

儒家言天地君親師，契嵩會之於釋義，故以天地之道與親與師為三本。釋言佛法僧三寶，佛即師也。親之一本，則實為釋氏所不言。契嵩曰：

親也者，形生之大本，人道之大恩也。唯大聖人為能重其大本，報其大恩。故方其成道之初而登天，先以其道諭其母氏。三月復歸乎世，應命還其故國，示父於道而其國皆化。逮其喪父也，而躬與諸釋負其棺以趨葬。今夫方為其徒，乃欲不務為孝，謂我出家專道，是豈見出家之心乎？

此言釋迦亦重孝道。又曰：

慧能始鬻薪以養其母。將從師，患無以為母儲。及還而其母已殂，慨不得見，遂寺其家以善之，終亦歸死於是。

慧能雖言修行不必出家，但未明白提倡孝道。《壇經》敘慧能東山受法歸粵後事，亦無一語及其母。今契嵩昌言孝道，又述及慧能紀念其母之事，為《壇經》所未及。又曰：

> 律宗曰：不展哀苦者，亦道俗之同恥。吾徒臨喪，可不哀乎？目犍連，亦聖人也，尚不能泯情。吾徒其欲無情邪。

契嵩明白提出孝道，又明白提出一情字，皆見契嵩在僧人中之特出處，而亦見宋代社會學術風氣之變，由釋轉儒，其勢已不可侮，故契嵩亦隨而變，莫能自外也。契嵩以七歲出家，〈孝論〉十三篇，有序一篇，備述其對父母之哀思。

《鐔津集》卷四〈中庸解〉又曰：

> 鄭氏解天命之謂性云：謂天所命生人者也。疑若性從所感而有。感乎金木水火土之神，則仁義禮智信之性也。似非習而得之。吾嘗病鄭氏之說，豈能究乎性命之說耶。天命則天地之數，性則性靈也。蓋謂人以天地之數而生，合之性靈者也。性乃素有之理也。情，感而有之者也。聖人以人之性皆有乎恩愛感激知別思慮徇從之情也。故以其教，因而充之。恩愛可以成仁，感激可以成義，知別可以成禮，思慮可以成智，徇從可以成信。孰有因感而

得其性也。物之未形也，則性與生俱無有也。孰為能感乎？彼金木水火土，其為物也無知，孰能諄諄而命其然乎？如鄭之言，則聖人者何用教為。

契嵩此辨，與後起理學家中程朱一派之主張有同有異。契嵩謂天地之數，此即猶道家言自然也。人由自然生，而性則人生以後因感而成。此與《中庸》天命之謂性涵義不同。因佛家言諸佛尤在諸天之上，故契嵩發此新義。明遺老王船山論性，頗近此。此層實尚待闡申。性必有靈，有對外物之感應，聖人教之，遂成仁義禮智信，此說較近孟子。程朱言性即理，而理必寓於氣，氣必寓有理。仁義禮智信，全為性中所有，於是有天地之性與氣質之性之辨，反若與孟子有異。惟程朱言性，亦合天人而一之，則承自孟子。依程朱所言，人當從氣質之性復歸到天地之性。但依契嵩所言，則似謂人乃自天地之性而發展完成其氣質之性者。似乎就人文立場言，契嵩之說，更為有積極向前之致。但佛家既把天地大自然的地位降低了，又以出世離俗為其立教之大本，則從佛教中展衍出宇宙論，終必以涅槃境界為其最後之歸宿。儒家在孔孟當時，尚保持一素樸的天帝觀。下至程朱，高抬理字，朱子說：天即理也。素樸的天帝觀已放棄，但其天人合一觀，即自然與人文之融會合一，自然界終自在人文界之上，人文界終是從自然界中來，故程朱主張從氣質之性復歸到天地之性。其實此天地之性，自程朱言之，亦可說是一純理界，與佛家之涅槃真空不同。華嚴有理事無礙法界，而更有事事無礙法界。其實捨卻理，豈能事事無礙。故華嚴立論，實為未臻至圓之境。事事無礙，乃承道家觀點，一任自然，義不究竟，故有陰陽家與《易》、《中庸》之繼起。契嵩已駁鄭玄注《中庸》，而華嚴事事無礙，反更不如鄭玄，當另有交代。惟由華嚴與禪配合，於是事事無礙只在一心。故宗密《原人論》以至契嵩之《鐔津集》，前後相符，同一規轍。但宗密與契嵩，皆極重教，此亦與陸王有異。陸王一本孟子，主張心即理，其敝不免輕視聖人之有教。就此言之，則宗密契嵩又轉與程朱為近。朱子斥象山近禪，但朱子亦甚有取於華嚴。比論儒釋異同，此層大應注意。而此問題之重要性，則反而轉落到宇宙論上。朱子所以於二程以前尤特尊濂溪者在此。陸王於宇宙論方面無貢獻，故其立說亦多窒礙不通也。

契嵩亦辨儒釋。《鐔津集》卷二〈輔教編中．廣原教〉有曰：

> 神也者，妙也。事也者，麤也。麤者，惟人知之。妙者，惟聖人知之。天下以彼我競，以儒佛之事相是非，而天下之知儒佛之事，豈知其埏埴乎儒佛者也。夫含靈者，溥天溥地，徧幽徧明，徧乎愚人禽獸，非以神道彌綸，而古今殆有棄物。聖人重同靈，懼遺物也，故聖人以神道作。

其實程朱言格物窮理，理之中即無遺物，寧有一物能自外於理者。程朱又言性即理，又寧有一物，有生無生，而不有其性者。朱子以理與氣言宇宙，即不煩多增一神字。釋氏降低了天地自然萬物的地位，只重一心之悟，把諸佛地位高抬在諸天之上，則更無以名之，而名之曰神。契嵩欲以此神道彌綸溥天溥地徧幽徧明徧乎愚人禽獸，謂可無棄物。不悟其仍遺棄了無生物。又曰重同靈，懼遺物，又與其分別人天聖人之義相歧。依契嵩義，禽獸性而不別，眾人靈而不明，此處僅當曰同此含生，或曰同此有情，而不當曰同靈。重同靈則必有遺物矣。《鐔津集》中如此等處字語齟齬，尚多可遇。要之契嵩之論儒釋，其有所發，亦僅可謂之大略之椎輪也。

契嵩〈中庸解〉又曰：

善惡情也，非性也。情有善惡而性無善惡。性靜也，情動也。善惡之形見於動。犬牛性而不別。眾人靈而不明。賢人明而未誠，聖人誠且明。靜與天地同其理，動與四時合其運。

程朱言天地之性屬於至善。契嵩言性無善惡，則猶陽明四句教以無善無惡為心體也。言情有善惡，則猶陽明以有善有惡為意動也。犬牛性而不別，是謂其一任自然，不能自有所分別抉擇。眾人靈而不明，蓋惟人性始有靈，始能自有分別抉擇。惟未盡其靈則不明。賢人明而不誠，則是其分別抉擇猶未能盡合乎天地之大理也。聖人誠且明，則天人合。以程朱義說之，契嵩之言明，是人之氣質之性，明而達於誠，則還歸天地之性矣。契嵩分聖賢眾人與犬羊為四等，其主要分別即在此靈與明。然與上引一條有分歧，已辨如上。至謂性無善惡，乃道家義。契嵩服膺《中庸》，中庸乃儒家義，天命之性，決不能謂無善惡，故程朱謂氣質之性，君子有勿性焉者。契嵩亦不能辨。余亦已闡其所以於前矣。故契嵩又曰：

仲尼曰：惟上智與下愚不移者，蓋言人有才不才，其分定矣。才而明者，其為上矣。不才而昧者，其為下矣。豈曰其性有上下哉。苟有性有上下而不移，則飲食男女之性，智愚皆有之，不可謂其性定於上下也。

程朱言氣質之性，正貴善加教導修習，以求上企於天地之性。陸王言良知，言心即理，縱其言若有合於孟子，然推之其前如《論語》，其後如《中庸》，皆有未合，則未為果得孟子之真意也。契嵩此等處，轉近陸王，亦可謂悟有未澈矣。

契嵩〈中庸解〉又曰：

敢問：中庸可以學乎？曰：學者，所以行其道。變而適義，所以為君子。通而失教，所以為小人。故言中庸者，正在乎學也。然則何以學？曰：學禮也。學樂也。禮樂修，則中庸至矣。

昔程子遊佛寺，曰：三代禮樂盡在是矣。契嵩以一僧人，極重儒道，盛推《中庸》，而曰學《中庸》主要在學禮樂。其言禮樂，所指不在佛門，而更要在俗世所謂之王道。其重學、重禮樂、重王道，皆於程朱為近，與陸王為遠。

《鐔津集》卷五有〈禮樂篇〉，其言曰：

禮者，因人情而制中，王者因禮而為政。人情莫不厚生，而禮教之養。人情莫不棄死，而禮正之喪。人情莫不有男女，而禮宜之匹。人情莫不有親疎，而禮適之義。人情莫不用喜怒，而禮理之當。人情莫不懷貨利，而禮以之節。禮舉則情稱物，物得理，則王政行。王政行則其人樂而其氣和。樂者，所以接人心而達和氣也。叔孫通制禮，事禮之儀者也。杜夔修樂，舉樂之文者也。舉文則宜其治之未臻，事儀則宜乎其政之未淳也。

此等皆脫盡佛門僧徒束縛，暢論世俗所謂禮樂王道之事，不可謂無見。故契嵩實不僅援儒衛釋而已。彼以七歲即出家為僧。其於儒學，實亦有窺。較之同時如歐陽修、李覯之專業儒學者，或反不如契嵩之儒釋兼參，而別有深入。余嘗謂於中國歷史求如西方之文藝復興，惟宋代較近似。如智圓契嵩，則是當時由真轉俗之先鋒人物也。

《鐔津集》卷六〈性德篇〉有曰：

性，生人者之自得。命，生人者之得於天。德，能正其生人者也。藝，能資其生人者也。德義，學之本，文藝，學之末。三代之盛，其教天下，所以學其本。三代之敝，其教天下，所以學其末。學末，故天下皆偽。學本，故天下皆厚。

此謂命乃生人之得於天，性乃生人之自得，分別性命，即上引命則天地之數，性則性靈之義。佛氏抹殺天，必謂佛超乎天之上，契嵩性命之辨即由此來。然則儒釋之辨，其主要乃在宇宙論方面，豈不於契嵩之論而可參乎。程朱之有補於孔孟，亦在此等處。

同卷〈存心篇〉有曰：

存心者，必慎其所以感。辨人者，必觀其所以應。

言靈則言感應。伊川曰：有感必有應。所應復為感，所以不已。朱子曰：凡在天地間，無非感應之理，造化與人事皆是。惟程朱言感應，兼及無生，契嵩專以心言，則其異。又〈喻用篇〉曰：

善之制惡，必於惡之於未形而善可勝矣。及其惡至於不可掩，而欲推善以救惡，其勢可勝之乎？

又〈善惡篇〉曰：

有形之惡小，不形之惡大。有名之善次，無名之善至。教者情非性，情可移而性不可變也。君子善善，必審其名同。惡惡，必辨其情異。

又〈性情篇〉云：

聖人之隆治也，仁以厚人性，而義以節人情。是所以陰陽和而遂生物者也。禮教二十而冠，以其神盛，可以用思慮也。三十而娶，以其氣充，而可以勝配偶也。

凡此所言性情善惡禮教，義或未醇，要之皆粹然儒家言也。又卷七有〈品論篇〉，曰：

唐史以房杜方蕭曹。然房杜文雅有餘，蕭曹王佐不足。

又曰：

郭泰黃憲，賢人也。訥言而敏行，顏子之徒乎。徐穉，哲人也，識時變而慎動靜。袁奉高之遁世也，不忘孝，不傷和，中庸之士也。

契嵩以一僧人，而能衡量人物，注意到人品上，更見其學養之非凡。

又〈治心篇〉有曰：

心即理也，物感乃紛。不治則汩理而役物。理至也，心至也，氣次焉。氣乘心，心乘氣，故心動而氣以之趨。今淫者暴者失理而茫然不返者，不治心之過也。

此既言心即理，而猶重言治心，所言較無陸王偏主之病。

又卷八〈文說〉有曰：

章表民始至自京師，謂京師士人高歐陽永叔之文，翕然皆慕而為之。潛子曰：歐陽氏之文，言文耳。天下治，在乎人文之興。人文資言文發揮，而言文藉人文為其根本。歐陽氏之文，大率在仁信禮義之本，諸子當慕永叔之根本可也。

此言文學，亦洞見根本之談。

又卷八〈西山移文〉有曰：

康定初，朝廷求儒於草澤，自然子引去不顧，故文以諭之，曰：與其道在於山林，曷若道在於天下。與其樂與猿猱麋鹿，曷若樂與君臣父子。

契嵩以一僧人而勸人出仕，更為難得。

上引諸條，皆粹然儒者言，不染佛門山林氣。窺一斑，可以覘全豹。佛亦人文中一事耳。自晚唐以迄五代，人文隳壞，佛道亦將不存。契嵩七歲出家，十三落髮，十九遊方，然其時，儒生多交方外，佛寺中亦多藏外典，故契嵩得此成就。即舉《鐔津》一集，亦可徵人心世道之變，學術思想之轉向。讀者可由之以覘世運。至於儒釋是非，則猶非本篇所專欲斤斤計量也。

此稿刊載於六十六年六月《書目季刊》

濂溪百源橫渠之理學

第二期宋學，以周邵張程為主，而濂溪百源橫渠三家，又與二程微不同。前者如佛學之空有二宗，後者如佛學之台賢禪三家。前者偏於宇宙本體之探討，後者偏於人文工夫之修證。前者偏向外，更重在性與理。後者偏向內，更重在心與情。此下分篇述其大要。

濂溪著作量不多，惟〈太極圖說〉與《易通書》兩種。〈太極圖說〉實即《易通書》之一部分。是濂溪講學專本於《易》，此仍是初期宋學風氣。茲先論其太極圖與說。

太極圖

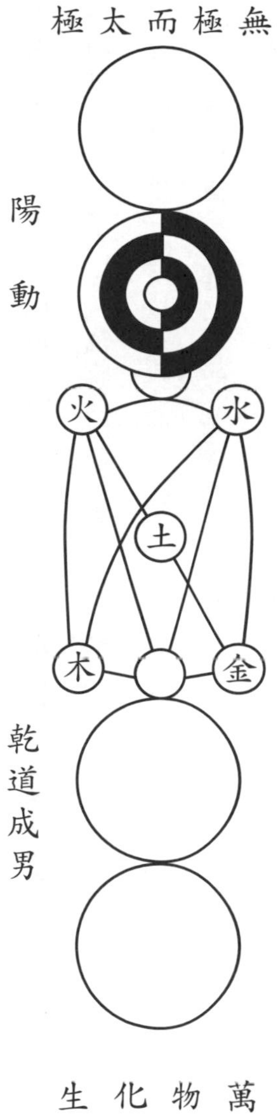

太極圖說

無極而太極。太極動而生陽，動極而靜，靜而生陰。靜極復動，一動一靜，互為其根。分陰分陽，兩儀立焉。陽動陰靜，而生水火木金土。五氣互布，四時行焉。五行一陰陽也，陰陽一太極也，太極本無極也。五行之生也，各一其性。無極之真，二五之精，妙合而凝。乾道成男，坤道成女。二氣交感，化生萬物。萬物生生，而變化無窮焉。惟人也，得其秀而最靈。形既生矣，神發知矣，五性感動而善惡分，萬事出矣。聖人定之以中正仁義，而主靜。（自註云：「無欲故靜。」）立人極焉。故聖人與天地合其德，日月合其明，鬼神合其吉

> 凶。君子修之吉，小人悖之凶。故曰：立天之道，曰陰與陽。立地之道，曰柔與剛。立人之道，曰仁與義。又曰：原始反終，故知死生之說。大哉易也，斯其至矣。

劉原父王荊公已論無極太極，濂溪與劉王同時，不知濂溪論太極，果與劉王孰先。然太極本義，則當如劉原父說，太極乃氣之先，一種無物之物也。〈易繫辭傳〉：「易有太極」，鄭注：「極中之道，淳和未分之說也。」此太極亦可稱太始。許氏《說文》：「惟初太始，道立於一，造分天地，化成萬物。」亦可稱太初。《白虎通．天地篇》：「始起先有太初，後有太始。形兆既成，名曰太素。混沌相連，視之不見，聽之不聞，然後剖判。清濁既分，精出曜布，齊物施生。精者為三光，號者為五行。五行生情性，情性生汁中，汁中生神明，神明生道德，道德生文章。故〈乾鑿度〉曰：太初者氣之始，太始者形之始，太素者，質之始也。」此皆漢人之說。其本則出於道家。古人論天地創始，大率如是。所以極又訓中，因最先一氣未分陰陽。《左傳》劉康公曰：「民受天之中以生。」老子曰：「萬物負陰而抱陽。沖氣以為和。」沖即中也。陰陽未分為中，既分而仍不分，以其仍是一體，故為和。此一團和氣，卻時時變化不測，造成大用，是謂庸。《中庸》本與《易》通，皆儒道雜糅之產品。濂溪〈太極圖說〉，大意仍不出此。試問天地萬物何自始，則實無自始。第一因無因可覓，故曰無極而太極。天地萬物開端第一因，即可謂是無因，此之謂自然。萬物只是一氣，此氣只是一動，天地萬物始終只此一動，亦永遠是此一動，故《易》曰天行健。健即天行，乃永遠不息之一動也。中國人看宇宙，與西方不同。西方人注重物質方面，故有唯心唯物之爭，中國人不問其最後之質料，而僅著眼其整體之變化，此整體之變化，則無始無終，只一動而已。然一落思維，乃至形於語言文字，則永遠偏而不全。太極乃絕對之一，必成為無可說，亦無可思，則只有分成兩面說之。既分兩面說之，則說此便遺彼。有動復有靜，正如有前必有後，並非物有動靜前後，前後只是一體，動靜只是一變。但一經人之心維口說，即不能不分成兩面。若永認此世界是一絕對，是一渾全圓整之體，則將不可思議，不可言說。思議言說了，便偏著到半邊去。既說一動，便牽連有一靜，究竟是動了靜，抑靜了動，此如問先有前抑先有後。當知此本同時並在。故太極只是一動，同時亦即是一靜，故說動靜互為其根，卻不能死殺說誰是誰的根。天下一切動，又可分五種態勢，即五行。水下行，火上行，木外行，向外舒張，金內行，向裏緊湊，土平行，平鋪安住。五行亦各有陰陽，由此化成萬物。濂溪〈太極圖說〉大意只如此。此本秦漢人舊說，並非濂溪新創。但尚有一問題，所謂因果先後，只人類思維言說中事，天地自然界本無所謂因果先後。今必以人類言思來剖窮天地，於是有天地萬物生於有，有生於無，無極而太極一番理論，此為莊老道家虛無思想之歸宿。因道家言思與默觀並用，故莊周齊物，並論道與言，《老子》書開端，亦兼辨道與名。既不離名言，遂於太極之上安放一無極，濂溪太極圖實有道家宗趣，故曰無極之真，二五之精，妙合而凝。二五屬有，無極則無，故此無極，如劉原父所謂無物之物者，乃成為宇宙最先之本體，此後朱子說理先氣，即由此。但理究不能說是無，理先於氣，較之自無生有更妥帖，此為朱子發揮濂溪〈太極圖說〉之圓通精明處。但若專從先秦儒如《易》、《庸》二書之見解則不然。因此二書，乃捨棄名言思辨，專就默觀，直入天地實際境界，故謂天地萬物只是一動，不再於動上尋前因。故《易》說天行健，又說《易》有太極，更不再須言無極也。又若由此向下穿鑿，分成五行，又分配為仁義禮智信五德五性，則是陰陽學家之畫蛇添足，在《易》書裏亦無此枝節。濂溪〈太極圖說〉，乃把先秦儒道陰陽三派融合，而始完成其自創的宇宙論。若果以〈易繫辭〉相繩，實不能說兩書之吻合也。

再說太極圖之下一半，此乃濂溪之人生論。宇宙既是動靜互為其根，而濂溪卻專說主靜立人極，此又與《易傳》異。《易》主動，故曰「天行健，君子以自強不息」。濂溪轉主靜，究竟不脫道家味，故在本體論上定要說無極而太極，在人生論上定要說主靜立人極。濂溪自注，無欲之謂靜，此乃只就人事言。若言天行，則動亦本非是欲。整個天體只是一動，則整個天理亦只是一動，則濂溪此處下語，實仍有病。惟人道若一依自然，如莊老所言，終將無人道可立。故人道雖本自然，而終必異於自然，如《中庸》之言與天地參。故在天地太極以外，濂溪必另立一人極，而此人極，又不外於天地之太極，又不即是天地之太極。此乃宋學精神所以異於莊老之一主自然也。

在人生方面，濂溪乃主性情分別論者。故曰：惟人得其秀而最靈，指人性言，又說形既生矣，神發知矣，五性感動而善惡生，則是由性生情，所以性善而情不盡善，性屬先天，所謂人生而靜以上不可說也，情屬後天，此乃人生落到形氣，性與外物交接後事。此種說法，復與孔孟有異，只是漢儒以下及韓昌黎一派之理論有此。濂溪承之，此下張程乃至南宋晦菴一派皆如此，即象山陽明大體亦跳不出此範圍。人唯本於天，亦不能外於天而自存，然既已為人，則亦終不能不有所自立。故太極之外又有人極，此正宋儒之積極精神所在，雖受老釋影響，但終不為老釋所囿，雖若有異於先秦，然終亦與先秦儒同源共本，此則不可不微辨也。

濂溪《通書》大意，與〈太極圖說〉無殊。惟《通書》多用《中庸》，與〈太極圖說〉之多據《易傳》者為小異。《通書》中最主要者乃一誠字。謂：

> 誠者聖人之本。聖，誠而已矣。

又說：

> 誠無為，幾善惡。寂然不動者，誠也，感而遂通者，神也。動而未形有無之間者，幾也。

《中庸》言誠，乃指整個宇宙不息不已之一動而言。而《通書》語氣，則似另有一誠的本體在動之前，寂然不動以待感。惟其如此，故須主靜立人極。則是把天地人生分成先後兩截，先天一截是本體，後天一截是現象，是作用。人生最大功夫，則要把後天一截工夫逆挽到先天本體上去。這一說法，已把道家自然，以及釋氏出世太重本體的觀念沖淡而融和了。

濂溪又云：

聖可學乎？曰可。曰：有要乎？曰：有，一為要。一者，無欲也。無欲則靜虛動直，靜虛則明，明則通。動直則公，公則溥。明通公溥，庶矣乎！

此處以靜虛動直兩個境界說無欲。但靜虛動直顯有先後，正如下文明通公溥亦有先後，而以靜虛為前一截，動直為後一截，靜虛是人生修養工夫，動直則是天地自然現象。此等處，皆是以人生修養逆挽到自然本體上去的顯然例證。故說誠無為，又說君子慎動，皆是此意。

《通書》凡四十章，其最末一章說〈蒙〉、〈艮〉二卦有曰：

山下出泉，靜而清也。汨則亂，亂不決也。艮其背，背非見也。靜則止，止非為也。為不止矣。

依然要靜要清，要不汨，要止，要不見不為，明白言之，則是要不陷落在人生實際中以求保全其天地之體之本原。此是濂溪思想之大體段。但濂溪又云：

志伊尹之所志，學顏子之所學。

此處濂溪並舉伊尹顏子，尤見濂溪思想確承初宋精神。范仲淹以天下為己任，先天下之憂而憂，後天下之樂而樂，此即志伊尹之志也。胡安定以顏子所好何學論試太學諸生，此即學顏子之學也。孟子曰禹稷顏回同道，而孔子之評顏子，則曰：用之則行，舍之則藏，惟我與爾有是夫。則顏子伊尹雖可相提並論，即綰合心性事功而為一，本為宋初精神，然自荊公熙寧變法，繼范文正慶曆變法失敗以來，學者更看重舍之則藏之修養工夫，第二期宋學仍要從第一期宋學之重視人事方面者推擴而到更深微之心性方面去。遂以成其為第二期宋學之特徵，固非從人事積極方面消極後退，乃是從心性本體最先源頭上厚植基礎。故荊公為第一期宋學之殿軍，而濂溪則成為第二期宋學之創始也。

康節與濂溪同治《易》，而兩人意態頗不同。濂溪主張立人極，確然儒學矩矱，康節觀物，近於莊周道家。故後人群尊濂溪為理學開山，而康節則擯不預乎濂洛之列，亦依此意態判之也。或謂康節《皇極經世》祇是京焦末流，則詆訶逾倫，不足為康節病。康節學術精神，殊不在此。大抵康節是一豪傑人，其象數之學得諸方外，其操行持守，亦有超然世外之致。然康節於象數外實別有見地，其得力在能觀物，此一派學問，在中國頗少出色人物。前有莊周，後有康節，再無第三人可相比擬。康節乃是擻脫了人的地位來觀物者。有〈觀物〉內、外篇。有云：

> 道為天地之本，天地為萬物之本。以天地觀萬物，則萬物為物。以道觀天地，則天地亦為萬物。道之道盡於天，天地之道盡於物，天地萬物之道盡於人。人能知天地萬物之道所以盡於人者，然後能盡民也。

此言盡民，猶孟子言盡性，《中庸》言盡人性，皆是不違自然之人本位主義。是康節乃以道家途徑而走向儒家之終極目標者。此復與朱子之格物窮理有何差別。故後儒亦以朱子為最能欣賞康節也。

康節又曰：

> 人之所以靈於萬物者，謂其目能收萬物之色，耳能收萬物之聲，鼻能收萬物之氣，口能收萬物之味。聲色氣味者，萬物之體也。耳目鼻口者，萬物之用也。體用交而人體之道備。然則人亦物也，聖亦人也。有一物之物，有十物百物之物，有千萬億兆物之物。生一物之物當兆物之物者，豈非人乎？是知人也者物之至，聖也者人之至。人之至者，謂其能以一心觀萬心，一身觀萬身，一世觀萬世。能以心代天意，口代天言，手代天工，身代天事。

能上識天時，下盡地理，中盡物情，通照人事。能以彌綸天地，出入造化，進退古今，表裏人物。

此可謂是康節的新人本位論，其言最近《中庸》。蓋康節之新人本位論，非離人於物言之，乃合人於物而言之。即就物的範疇中論人，即於物的範疇中發見人之地位和其意義與價值。人之與物，本皆偏而不全。人的地位之高，在其能由偏而全，使萬物之全體即在人之一偏中呈現。如何能使全體在一偏中呈現，其要即在觀。康節又謂：

夫所謂觀萬物者，非目觀之，觀之以心也。非觀之以心，觀之以理也。聖人所以能一萬物之情者，謂其能反觀也。反觀者，不以我觀物，以物觀物之謂也。既能以物觀物，又安有我於其間哉。

此謂以物觀物，謂之反觀，反觀與反省略有辨。反省者，以我觀我之謂，反觀則以物觀物之謂。人亦一物，而為一能觀之物。惟康節之所謂觀，並不主以人之本位觀。而主以人返於物而觀，故謂之反觀也。康節又曰：

以物觀物，性也。以我觀物，情也。性公而明，情暗而偏。

以我觀物乃主觀，以物觀物乃是客觀。實則不啻是以天觀物也。故康節謂以物觀物是性，以我觀物是情也。常言天性人情，是性情之辨，即天人之辨也。康節又謂：

以我徇物，則我亦物也。以物徇我，則物亦我也。我物皆致意，由是天地亦萬物也，萬物亦我也，我亦萬物也。何物不我，何我不物，如是可以宰天地，可以司鬼神。

故康節之觀物，乃是一種客觀，而非人本位觀。乃以我融入物中，我亦一物，而物亦一我。乃由偏合全而成其天。人何以能由偏合全，何以能使全體在一偏中呈現，正為其能超出一偏之地位而為總體之客觀。康節主性情分別論，亦主以理觀物論。此與朱子之格物窮理，似乎本末倒置，惟朱子亦主莫不因其已知之理而益窮之，則朱子仍是以理觀物也。莊子則可謂是以道觀物，此康節之所以不失為理學家矩矱也。康節又說：

性非體不成，體非性不生。陽以陰為體，陰以陽為性。動者性也，靜者體也。

此處康節以性體對立，而性體實合為一物，非於體外有性，而即於體中見性。人性之所以異於物性者，亦僅其體之異於物而已。康節此處言動者性靜者體，實與濂溪言主靜主人極亦相同。蓋通天地萬物，實同是靜為體而動為性也。

康節又說：

氣則養性，性則乘氣，故氣存則性存，性動則氣動也。

此處又以性氣對立，以動為性，而謂性隨氣體而見，又曰性乘氣，性動則氣動。則似以性為主，氣因性動。則因氣僅是陰是體，性始是陽是動也。此處頗近朱子之理氣論。朱子所謂理，似屬空靜而非實能主動者。然程朱又言性即理，性能動，則似理亦能動，惟其動而主於一，故以謂之靜耳。《易》只言陰陽，康節又把陰陽分體性，此是康節之新見解。康節之所以與古人異者，因古人無此體的觀念，乃自王弼以後始有之。自有此體的新觀念，於是一切言思，亦遂不得不與古人有異。而理學家則自相一致，亦可於此覘之。

康節又云：

天地之本，其起於中乎？人居天地之中，心居人之中。心為太極。

此乃康節新人本位論中之唯心論，彼謂心乃宇宙之中心，亦即是宇宙之起點，故心為太極。濂溪言主靜立人極而無欲為靜，無欲亦主心言。後人僅以先天圖與太極圖相提並論，又多闡濂溪，少研康節，只以康節限於象數之學，此實此下學術思想史一缺憾。

康節又說：

先天學，心法也，圖皆從中起，萬事生於心。（〈先天卦位圖說〉）

又曰：

心一而不分，可以應萬變。

可見康節之先天學與其唯心論，仍是人本位者。彼乃站在其新人本位之客觀主義，而同時建立其唯心論。謂只有人之心知，始可達到超偏合全之境界，而回復到天地自然，惟其自然中已涵有人之理想，故謂萬事生於心，然並不謂宇宙萬物之最後質料為心。此乃中國哲學與西方分途處。

康節又云：

先天之學，心也。後天之學，迹也。出入有無生死者，道也。

彼所謂心，乃與迹對，不與物對。彼所謂道，乃兼包心迹先後天而言，故亦不淪於虛無。故彼雖為一唯心論者，而不害其為一客觀主義者。彼乃一客觀的唯心論者。所謂客觀的唯心論，因其能以心迹相融，把心的範圍放寬了，把人的地位提高了，把主觀與客觀的界線也衝破了。偏與全之間也凝合了。彼之思想路徑，亦有些近似唐代之華嚴宗。華嚴本可與莊子相通，莊子與康節乃中國觀物派哲學之兩大宗，康節或可由研窮莊周而連帶接受華嚴影響。而朱子於佛書中亦頗喜引華嚴。此可謂宋代理學中一特殊方向，惟後人震於康節之數學，在其觀物論方面，並無嫡系傳人，則可惜也。

上述濂溪，百源皆治《易》，橫渠亦治《易》，而橫渠之性格與濂溪百源皆異。若以濂溪百源為較近顏淵莊周，則橫渠似與荀況墨翟更似。橫渠堅強卓絕，尚禮勝於尚仁。思理縝密，精於辨析，在其《正蒙》中剖辨道釋與儒家異同，對當時儒學復興有大貢獻，亦正如荀子有〈正論篇〉、〈非十二子篇〉等。但橫渠最大著作，則為〈西銘〉。今先錄其全文：

乾稱父，坤稱母，予玆藐焉，乃渾然中處。故天地之塞吾其體，天地之帥吾其性，民吾同胞，物吾與也。大君者，吾父母宗子，其大臣，宗子之家相也。尊高年，所以長其長，慈孤弱，所以幼其幼。聖其合德，賢其秀也。凡天下之疲癃殘疾，惸獨鰥寡，皆吾兄弟之顛連而無告者也。於時保之，子之翼也，樂且不憂，純乎孝者也。違曰悖德，害仁曰賊，濟惡者不才，其踐形，惟肖者也。知化則善述其事，窮神則善繼其志。不媿屋漏為無忝，存心養性為匪懈。惡旨酒，崇伯子之顧養。育英才，潁封人之錫類。不弛勞而底豫，舜其功也。無所逃而待烹，申生其恭也。體其受而歸全者，參乎。勇於從而順令者，伯奇也。富貴福澤，將厚吾之生也。貧賤憂戚，庸玉汝於成也。存吾順事，沒吾寧也。

此文與濂溪〈太極圖說〉，同為宋儒有數大文章。程門專以〈西銘〉、《大學》開示學者，卻不提濂溪太極圖。然〈西銘〉大理論，只說萬物一體，其實此論並非儒家言。孟子只說老吾老以及人之老，幼吾幼以及人之幼，善推此心，可以保四海。是孟子只主張一種人類同心情之推擴，並未說天地萬物本屬一體。若說是一體，亦只可從人類心上說起。其真從外面說起，確實指其為萬物一體者，則為濂溪〈太極圖說〉與百源之〈觀物篇〉，其論近道家，故為二程所不喜，橫渠《正蒙》亦多從外面說，故二程亦多不贊成處。〈西銘〉則從萬物一體之結論下來闡說人生政教大原與心性修養，特與先秦儒陳義更相近。乃特受二程之贊賞。先秦由外面闡說萬物一體者，為莊周與惠施。莊周由直觀宇宙大化而言萬物一體，惠施由分析名言異同而歸結到萬物一體。莊周由外物實體言，惠施由人心思辨言，兩家極不同，而其由理智來證成萬物一體則一。孔孟則專就人類仁孝之心，即人類同心情方面言來建立人倫，卻不透過此而說萬物一體。因萬物一體已屬宇宙論範圍，而孔孟則偏重人生論。只就人文本位，不肯透進一層來講宇宙。但道家名家則要透過此平面，深入到裏一層。後來佛學更然。初期宋學就六經論人事，亦尚多平面話，到第二期便耐不得，多不免要透進一層說到宇宙。百源亦有先天學來講人生以前之宇宙。故兩人言思，後人多疑其近道家。孫夏峯說：〈西銘〉就既有天地說起，〈太極圖說〉就未有天地說起，分析〈太極圖說〉與〈西銘〉異同極扼要。因此二程極推〈西銘〉，其實〈西銘〉中所說，也多非古代儒家所有。如云天地之塞吾其體，此猶佛家之法身。天地之帥吾其性，此猶佛家之法性。上引康節亦以體與性分說宇宙，可見此等分法已成時代意見。佛學流傳中國將近千年，此等思想，亦已深入人心，宋儒雖存心闢佛，但不知不覺間也多用了佛義。其實此問題頗費周張。萬物一體，試問究該由內心證成，還是由外物研窮，在佛家自有他一套理論，在宋儒卻不得不另尋說法。明道〈識仁篇〉云：

仁者渾然與物同體，〈西銘〉備言此體，以此意存之，更有何事？

此乃主由內心存證。仁者始是渾然與物同體，其餘則不能。而〈西銘〉徑言天地之塞吾其體，是不仁之人亦復與物同體也。稍後伊川，於明道誠敬存之之說以外，又補上致知一義，又以格物為致知工夫，直到晦菴，在此方面推演盡致，便轉到由外面萬物來研窮此理，故朱子同時兼尊濂溪康節，此顯見朱子與二程意見有不同處。二陸則稍近明道，這裏便兆出朱陸爭端。此乃宋學中一大問題，今且置此不論，來看橫渠自己意思。大體上彼之所謂萬物一體，亦是由外研窮，其理論全在《正蒙》。而伊川答橫渠書云：

以大概氣象言之，則有苦心極力之象，而無寬裕溫和之氣，非明睿所照，而考索至此，故意屢偏而言多窒，小出入時有之。更望完養思慮，涵泳義理，他日當自條暢。

又告楊龜山云：

橫渠立言誠有過者，乃在《正蒙》，若〈西銘〉擴前聖所未發，與孟子同功。

明道亦云：

〈西銘〉，橫渠文之粹者，充其盡，聖人也。然言有兩端，有有德之言，有造道之言。有德之言，說自己事，如聖人言聖人事也。造道之言，則智足以知此，如賢人說聖人事也。

此見二程皆主由內心直證，不喜向外推尋。而謂橫渠只是後一路，尤其《正蒙》，是推索所至，非涵養所達，故不能相契也。

《正蒙》大體仍本於《易》。《正蒙》云：

太虛無形，氣之本體。其聚其散，變化之客形爾。至靜無感，性之淵源。有識有知，物交之客感爾。客感客形，與無感無形，惟盡性者一之。

此仍是體性分言，大致與康節同。惟〈易繫〉只云「一陰一陽之謂道」，陰陽只是一氣，並沒有在氣之外另立一太虛之體。又說：「繼之者善，成之者性。」繼與成亦即指此一陰一陽言，並沒有說在此一陰一陽之前另有一無感之源。〈易繫〉雖羼進了道家言，然仍是代表中國古代的儒家思想，是平面的一元論，橫渠則似透進一層，變成為雙層的二元論了。亦可說是雙層的一元，古人體與性不分言，而宋人則分言之，此正見橫渠之亦受佛家影響處。但橫渠本意在根據儒說闢佛老，論其大體，橫渠亦確是一儒家，非佛老。但橫渠必增入氣與太虛之辨，太虛是體，氣是象，其實亦還是一偏與大全之辨。氣屬一偏，太虛則為大全。以大全整體言，若無感無形。惟無感並非寂滅，無形並非虛空。此乃橫渠立言宗旨。故《正蒙》又云：

知虛空即氣，則有無隱顯神化性命，通一無二。若謂虛能生氣，則虛無窮，氣有限，體用殊絕，入老氏有生於無自然之論，不識所謂有無混一之常。若謂萬象為太虛中所見之物，則物與虛不相資，形自形，性自性，形性天人不相待，而有陷於浮屠以山河大地為見病之說。

此處橫渠排擊佛老，不主張虛能生氣，又不主張氣在虛中見，可見他所謂虛空與氣之辨，只是一偏與大全之辨。其實又走上了惠施名言之辨的路上去了。但橫渠立言，終似不免偏重了大全，偏輕了一偏。此在名家，惠施與公孫龍亦有此辨。今若就〈易繫〉言，則只是一氣聚散，更無所謂主客與體用。要說主客與體用，便不免偏輕偏重，即道家說有生於無，實亦是對名言之遮詮，而非實際之表詮。老莊思想亦尚是平面一元的，直到佛書傳入，始有雙層二元的想像。橫渠雖闢佛，實深受佛書影響，謂太虛為氣之體，無感為性之源。又分主客體用，則到底會使人偏傾於大全方面而看輕了一偏，其實一偏更不該看輕，沒有一偏，更無法合得上大全，二程說的理一分殊，此義極堪味。天與人，亦即是理一分殊也。橫渠又說：

形而後有氣質之性，善反之則天地之性存焉，故氣質之性，君子有弗性者焉。

此處若仔細分說，氣質之性屬一偏，天地之性則是大全。但大全之性無感無形，到底使人難把握。二程對此與橫渠有略相似的見解，故朱子說：

氣質之說，起於張程，極有功於聖門，有補於後學，前此未曾說到。故張程之說立，則諸子之說泯矣。

其實張程此番理論，亦可謂只成了變相的荀子。即就橫渠意，太虛即氣，似可不必再分辨天地與氣質。今以天地之性為太虛本體，氣質之性為聚散客形，則天地之性正略如王介甫所謂未發之性，氣質之性略如王介甫所謂已發之情，早已顯分兩截。即康節之所謂先後天，太虛即先天，氣則屬後天，要之是同有此一想法，只是人人言之不同而已。惟橫渠不言發，而言感，必以無感為性源，謂即天地之性，以知識為物交後之客感，謂即氣質之性，則孟子所謂惻隱羞惡辭讓是非，何一非物交後之客感？何一非氣質之性？除卻氣之外，何來一太虛？除卻一切客感，更何來有一無感？橫渠《正蒙》到底不脫一種上下雙層前後兩截的二元論，並非平面的一元論，所以二程要對他不滿。而二程終亦不能與橫渠全異其說。故知宋代理學中，到底羼有道家佛家之說，惟不得遽認理學即是佛老，而必認仍是儒家，此則不可不細辨也。

上述三人中，康節比較最豪放，他說：「所行之路不可不寬，寬則少礙。」他並不嚴肅講修養工夫，濂溪橫渠卻注意講個人修養，理學氣更重，但二人亦有不同。周元公是一高潔人，黃魯直贊他如光風霽月，其理想境界為無欲，如青蓮之出污泥而不染。橫渠則是艱苦卓絕，他自說：

言有教，動有法，晝有為，宵有得，息有養，瞬有存。

可見他生活之謹嚴。整個生命，乃全在工夫上。他又說：

為天地立心，為生民立命，為往聖繼絕學，為萬世開太平。

又可見他志願之宏大。他亦要立人極，但不僅是無欲而已。竊嘗欲為橫渠此兩節話題一名字，稱之為六有四為之學。這是橫渠內心外行絕大人格之表現。彼只是主張強力有為，所以有些處使他像荀子，有些處使他像墨子。這亦是他性格使然。朱子云：

> 橫渠教人道，夜間自不應睡，只為無應接，他人皆睡了，己不得不睡。他著《正蒙》時，或夜裡默坐徹曉，他直是恁地勇，方做得。

在先秦人物中，惟墨子荀子有些近似，與顏淵莊周，則似相距太遠了。但此亦只就其行誼言，論其學術路向，思想淵源，則依然是孔孟。

茲再論〈西銘〉。孔孟論孝道，只就人對其生身父母之同情心而言。由此擴充，由修身而齊家治國平天下，皆由此心貫徹，而成為一套極自然極平實的人生哲學。但橫渠〈西銘〉，則不重言心情，而建本於其另一套的宇宙論，而重言理性。亦可謂孔孟由內達外，本於德而達於道。橫渠由外轉內，本於道而成其德。由橫渠言之，一切人生行為，乃不啻是孝於宇宙，由其所以孝於宇宙者而孝其父母。但橫渠所論之宇宙，卻又只是太虛一氣。宇宙生萬物，究與父母生子女不同。故橫渠主張為天地立心，為生民立命。此不僅與墨子言天志不同，亦與孔孟言天命不同。橫渠之宇宙論，深入言之，無寧是更近於老釋。惟老釋歸之虛無寂滅，橫渠則歸之萬物一體，一虛一實，其終不失為一儒家者在此。

即在先秦，《易》、《中庸》已受道家影響，不能如孔孟之專就人事人心立論，而要顧及外面之宇宙。及南北朝隋唐五代，經佛學長期浸染，宇宙論乃止式轉踞人生論之上。惟唐末五代，人事壞亂已極，故初期宋學，又追尋儒家六經，以期人事之改善。至於重建儒家的新宇宙論，以排拒老釋者，則已達宋學之第二期，而濂溪康節橫渠三家之功為大。惟濂溪橫渠皆兼重《易》、《庸》，康節則似只重《易》，二程於此三家，皆不全同意，而康節尤受後人歧視，其分別即在此。待南宋朱晦翁起，始於二程外，又同尊此三家，而完成其一套完整的新宇宙論，取與二程之吃緊為人，一宗孔孟，注重向內，更偏性情實際修養者，融會和合，而宋學遂臻於大成。

象山譏晦翁為支離，即言其不能不向外尋索也。陽明繼象山，皆同尊孟子，專一從人事人心立言，然宇宙萬物，寧能擯棄於不論不議之列。陽明晚年思想改變，欲從致良知推擴到宇宙論方面去，於是有儒釋道三教合一之說，其言魯莽滅裂，終不能滿人意。大抵宋明理學之先後演變，大體略如是。今專就濂溪康節橫渠三人言，則三家有其大同處，二程對之同有所不滿，晦翁始取與二程同一尊崇，則程朱間亦自有不同。治宋學者，當先攬其大體，然後再進而分別其細節。其由此而又更別有所演進，此則後人之事，亦非古人之所能限也。

論太極圖與先天圖之傳授

宋代學者率好治《易》，於《易》又率好治圖象。濂溪太極圖，康節先天圖，尤其著也，二者並為朱子所盛推。於濂溪太極圖，謂其「得千聖不傳之秘，孔子後一人而已」。於康節先天圖，則曰：「程演周經，邵傳犧畫。」其尊信如此。故黃勉齋作〈朱子行狀〉亦謂：「太極、先天二圖，精微廣博，不可涯涘。先生為之解剝條畫，而後天地本源，聖賢蘊奧，不至於汩沒」也。然此二圖在學術上之價值，果如朱子所推尊否，在當時已多異議。明清以來，駁擊圖象之說益烈。遂謂濂溪太極圖、康節先天圖皆源出方外，因謂宋儒即和尚道士之變相。其說至今，更為時流所信。余曾論宋學淵源，大本決非出於方外。而此先天、太極二圖，則有未可一概而論者。

康節《易》學受之李之才挺之，此明道明言之。曰：堯夫欲傳數學於某兄弟，某兄弟那得工夫？要學，須是二十年工夫。堯夫初學於李挺之，師禮甚嚴，雖在野店，飯必襴，坐必拜。欲學堯夫，亦必如此。挺之之學得之穆修伯長。程子亦言之。曰：

先生之學得之李挺之，挺之得之穆伯長。推其源流，遠有端緒。今穆李之言及其行事概可見矣，而先生之純一不雜，汪洋浩大，乃其所自得者多。

此可謂康節《易》學之定論。謂康節受《易》於穆李是也。謂康節之學即穆李之學則大不可。穆修之學，或謂其源出希夷。《東都事略》謂：

華山陳摶讀《易》，以數學授穆修，修授李之才，之才授邵雍。

其說蓋據邵伯溫《辨惑》。謂：

先君子《易》學微妙玄深，其傳授本末，則受《易》於李之才挺之，挺之師穆修伯長，伯長師陳摶圖南。先君之學雖有傳授，而微妙變通則其所自得。

朱子亦言之。曰：

> 先天之學，康節得於李挺之，挺之得於穆伯長，伯長得於希夷。

又論先天圖。〈答袁機仲書〉有云：

> 此非熹之說，乃康節之說，非康節之說，乃希夷之說，非希夷之說，乃孔子之說，但當日諸儒既失其傳，而方外之流，陰相付受，以為丹竈之術。至於希夷康節，乃反之於《易》。

是皆明謂邵氏先天《易》淵源希夷也。惟李挺之以天聖八年成進士，時康節年二十。越二年，穆伯長以明道二年卒。則三人《易》學傳授事自可信。若陳圖南遠在宋初，年世不與穆伯長相接，則謂伯長《易》學受之圖南，似有未的。

晁以道《嵩山集》卷十六〈傳易堂記〉，獨謂：

> 有宋華山希夷先生陳摶圖南，以《易》授終南徵君种放明逸，明逸授汶陽穆參軍修伯長。而武功蘇舜欽子美亦嘗從伯長學。伯長授青州李之才挺之。挺之授河南邵康節先生雍堯夫。

种放卒於真宗大中祥符八年，年六十一。陳摶卒於太宗端拱二年，是歲放年三十五。據《宋史》放傳，真宗咸平四年，張齊賢上言：「放隱居三十年，不遊城市十五年。」是時放居終南豹林谷之東明峯，已四十七歲矣。蓋摶卒已值放不遊城市之際，而放之隱居尚在摶之卒前。據張齊賢說，放始隱應在太祖開寶五六年間，陳摶朝京師在太宗雍熙元年。時放雖隱，而史稱其每來往嵩華間。則當放之盛年，或可得摶之傳。又考穆修成進士在大中祥符二年，种放以是年四月歸終南，明年正月復召赴闕，四年又來朝，並從祠汾陰。則穆之得傳於种，事亦可有。似諸家言穆修得《易》學於陳摶者，乃略去种放言之。或由放在當時頗滋誹議，故談者不欲稱引。否則穆修《易》學得之陳摶，或出當時傳說，後人覺其年世不符，故特資种放為彌縫。二者必居其一，今則無可詳論耳。

先天圖以外復有河圖，亦謂傳自希夷。朱震云：

> 河圖劉牧傳於范諤昌，諤昌傳於許堅，堅傳於李溉，溉傳於种放，放傳於希夷陳摶。

許堅，馬令《南唐書》有傳，稱其「寓廬山白鹿洞，後或居茅山，或入九華。舊與樊若水善，若水北渡後，因轉輓江南，遇堅於簡寂觀，勉以仕。堅顰蹙不答。嘗至陽羨，人不之識。一日涉西津，凌波闊步，若平地然，眾昉神之」。則堅乃南士，而面目近神仙中人。若謂乃希夷四傳弟子，則年世太不侔，決不可信。《廬山舊志》，言許堅死於金陵。乃及宋景德中，陳靖遊廬山，遇堅出謁，後人乃言堅在景德中當未死。其怪誕如此。李溉著有卦氣圖一篇，朱震謂其原於《易緯》類是說《通卦驗》，其他不可考。范諤昌建溪人，天禧中為毗陵從事。著有《證墜簡》，晁以道謂：

其書酷類郭京舉正，並頗為胡翼之程正叔所取。自謂其學出於湓浦李處約，廬山許堅。意者豈果有師承，故胡程取之。

陳振孫言其書傳授亦同晁氏，而曰：

世或言劉牧之學出於諤昌，而諤昌之學亦出种放，未知信否。晁以道邵子朱子發皆云爾。

劉牧字長民，衢州人。晁氏曰：「仁宗時言數者皆宗之。」陳氏亦曰：「牧之學盛行於慶曆時。」覈其時地，皆與范諤昌相接。則謂牧之《易》受之諤昌，事亦可有。又自諤昌上推湓浦李守約，殆即李溉。再自溉上推許堅，當值五代宋初。則劉牧《易》學乃宋初廬阜湓浦隱者之所傳，與華山終南南北曠隔，渺不相涉。陳种穆李以及康節，皆北人也。朱震既誤倒李許之前後，又妄附之於种陳。其說差錯，甚不可信。至王偁《東都事略》益鑿鑿而言之，曰：

華山陳摶讀《易》，以數學授穆修，修授李之才，之才授邵雍。又摶以象學授种放，放授許堅，堅授范諤昌。

一若陳摶身前截然有此象數兩脈之傳緒，毛西河所謂摶學兩支一幹，此皆虛妄不實之說，後儒屢辨劉牧陳摶龍圖異同，蓋不免多為此等傳說所誤耳。

朱震〈進周易表〉，又謂：

> 陳摶以先天圖傳种放，放傳穆修，修傳李之才，之才傳邵雍。放以河圖、洛書傳李溉，溉傳許堅，堅傳范諤昌，諤昌傳劉牧。修以太極圖傳周敦頤，敦頤傳程顥程頤。

其述河圖、洛書之傳，差誤已如上辨。其說太極圖傳授，亦頗難信。而胡宏序《易通》遵其說，曰：

> 或曰，周子傳太極圖於穆修，修傳先天圖於种放，放傳於陳摶，此殆其學之一師，非其至也。

今考濂溪十五歲從母入京師，時為仁宗天聖九年。翌年，明道元年，穆修即卒。濂溪得見伯長從而受學與否，其事已不可證。惟程氏言《易》，實不原本濂溪。邵伯溫《聞見前錄》，記程子與謝湜書，言讀《易》當先觀王弼胡瑗王安石三家。《伊川易傳》，曾無一語及太極。而於〈觀〉卦辭云：「予聞之胡翼之先生。」於〈大畜〉上九云：「予聞之胡先生。」於〈夬〉九三云：「安定胡公移其文。」於〈漸〉上九云：「安定胡公以逵為陸。」則朱震謂濂溪以太極圖傳二程，殊無憑信。既可臆說其所授，亦可臆說其所受。故謂穆修一人分傳先天、太極兩圖，其說本諸朱震，亦如述劉牧河圖之傳，實同為齊東野人之說也。

濂溪太極圖來源，又別有創為新說者。晁氏曰：

> 朱震言頤之學出於周敦頤，敦頤得之穆修，修亦本於陳摶。然考正叔之解不及象數，頗與胡翼之相類。景迂云：胡武平周茂叔同師潤洲鶴林寺僧壽涯，其後武平傳其學子於家，茂叔則授二程，與震之說不同。

晁氏又謂：

> 元公師事鶴林寺僧壽涯，得有物先天地，無形本寂寥，能為萬象主，不逐四時凋之偈。

今按游定夫記程子語，曾謂周茂叔窮禪客，知濂溪自有與方外相親事。然謂其著〈太極圖說〉，必自壽涯得之，此仍無可考信。《濂溪志》亦謂：

> 胡宿嘗至潤洲，與濂溪遊，或謂與濂溪同師潤洲鶴林寺僧壽涯。或謂邵康節之父邂逅先生

於廬山，從隱者老浮屠遊，遂同受《易》書。

度正周卿則謂此隱者即壽涯。然則壽涯究居廬阜，抑住北固，已無確說。或竟謂壽涯即麻衣，則尚在陳摶前，豈得下接濂溪。世俗好怪不實，即此可見。今姑以壽涯為鶴林寺僧論之，胡宿游潤洲，應在仁宗寶元元年。時胡年四十三，濂溪年四十六，一時同往來者有許渤。時范仲淹知潤洲，學人名士如胡翼之李泰伯輩皆見羅致。濂溪武平亦已年尊學立，雖二人蹤跡頗與方外往還，然謂其在潤乃相偕師事一僧，事恐不足信。大抵五代以來，南唐獨有盛世昇平景象，又尊重浮屠。而廬山多隱士，與華嶽終南，南北競秀。濂溪遊處多在南疆，雖不能謂其《易》學絕無染涉聽受，然必謂其師事壽涯，又太極圖即從壽涯得之，則亦晁景迂之道聽途說，未見其必可信也。

《性學指要》則謂：

元公初與東林總遊，久之無所入。總教之靜坐，月餘，忽有得。以詩呈曰：書堂兀坐萬機休，日暖風和草自幽，誰道二千年遠事，而今只在眼睛頭。總肯之，即與結青松社。

此又謂濂溪學於東林總，與謂胡武平與康節之父從廬山老浮屠遊，同受《易》書，大略相似。方外之人，喜引名儒宿德以自重，而世俗好奇，亦愛聽之，愛言之。如昌黎師大顛，縱果有之，亦不得謂昌黎晚年之學通於佛氏。濂溪在當時，名位不顯，類於隱淪，又時親方外，事無可疑。然考《五燈會元》，元豐二年，詔升東林為禪寺，南昌守王韶請常總主持，為東林第一代祖師。元祐四年錫號昭覺大師。濂溪去官定居廬阜，在熙寧五年，卒在熙寧六年，年五十七，時總尚在廬山黃龍寺。二人雖可過從，然濂溪輩世在先，時已學成書就。縱有習靜獻詩之事，亦與濂溪生平學術大本無關。儻亦如昌黎之與大顛，殆庶近之。又據《年譜》，英宗治平二年，濂溪年四十九，自虔赴永，道經江州，同宋復古於廬山大林寺，至山巔，有詩。是尚在定居廬阜前七年，僅係路過漫遊，若謂其時已識常揔，更不宜有習靜盈月之事。至其太極圖，縱謂源自方外，則濂溪南學，太極淵源，至多不過如劉牧河圖，皆應得之南中，或即如潤洲寺僧壽涯之儔，更不必牽涉華山之陳摶。至圖說則尤屬元公自得，正猶如康節《易》學受自穆李，而其學非即穆李之學。縱謂濂溪師事壽涯，又豈得謂其學即壽涯之學哉。

朱子極尊濂溪太極圖，後人不免有認為崇之逾其分者，於是毀者亦激而失實。昔日山僧野道，姑引濂溪以為重，明清以來，則群援以為貶抑濂溪之藉口。自今論之，其說亦多未允。如黃百家《宋元學案》引黃宗炎晦木之辨，即其例也。晦木之言曰：

> 周子太極圖創自河上公，乃方士修煉之術。河上公本圖為無極圖，魏伯陽得之以著《參同

> 契》，鍾離權得之以授呂洞賓，洞賓後與陳圖南同隱華山，而以授陳，陳刻之華山石壁。陳又得先天圖於麻衣道者，皆以授种放，放以授穆修，與僧壽涯。修以先天圖授李挺之，挺之以授邵天叟，天叟以授之堯夫。修以無極圖授周子，周子又得先天地之偈於壽涯。其圖自下而上，周子得此圖而顛倒其序，更易其名，附於《大易》。

凡此所謂，一若濂溪太極圖盜竊方外之真贓實據，皆已檢舉無遺，而不知晦木之說，其實更不足信。

鍊丹之說盛於唐，魏伯陽《參同契》亦遂風行。五代末，孟蜀彭曉始為之注釋。朱子謂：

> 先天圖傳自希夷，希夷又自有所得。蓋方士技術用以修煉，《參同契》所言是也。

此謂希夷亦治《參同契》，非謂《參同契》只傳於希夷。今濂溪太極第二圖陰靜陽動，或謂其有資於《參同契》之水火匡廓圖，此或可信。然《參同契》在當時非難見書，濂溪嘗判合州，宜可得彭氏之注本。又濂溪有〈讀英真君丹訣〉詩，（〈題酆都觀〉三首之一）其詩曰：

> 始觀丹訣信希夷，盡得陰陽造化機，子在母生能致主，精神合後更知微。

是濂溪在蜀留心此道，亦有明證。然要之不必謂濂溪必得此於陳摶之傳授。抑更有疑者，朱子注《參同契》，並無水火匡廓、三五至精二圖，而世傳彭本有之。朱子雖尊信康節之先天圖，然並不諱言其源自希夷，故曰：

邵子得於希夷，希夷源流自《參同契》。

又疑濂溪之學與陳摶有涉。其守南康，校刊《通書》太極圖，謂：

讀張忠定公語，而知所論希夷种穆之傳，亦有未盡其曲折者。張忠定嘗從希夷學，而其論公事之有陰陽，頗與圖說意合。竊疑是說之傳，固有端緒，至於先生然後得之於心，而天地萬物之理，鉅細幽明，高下精粗，無所不貫，於是始為此圖以發其秘耳。

是朱子未嘗故意諱言濂溪與希夷之傳統，特欲求其證驗而不得。若彭本《參同契》原有水火匡廓、三五至精兩圖，朱子何竟刪去，默不置辭。豈別有所私厚於濂溪，而獨為掩滅之耶？然則後世所傳彭本《參同契》水火匡廓、三五至精圖，其果為彭氏原有與否，事已可疑。若晦木之說，謂《參同契》原本河上公，更為荒唐難信。又謂陳摶刻太極圖於華山石壁，亦不知其說所本。縱今華山石壁有此刻，自宋迄明，亦既五六百年，安知不有方外好事者模刻此圖，以攀附於圖南，而故神其事。至謂陳摶得先天圖於麻衣道者，又並以先天、太極兩圖授种放穆修，則更無據。又謂壽涯亦於种放受先天、太極之圖，益出虛造。果壽涯與穆修同得先天、太極之傳，何以先天圖單傳康節，太極圖單傳濂溪？又濂溪之受太極圖，果受之穆修，抑受之壽涯乎？若受之穆修，則尚在志學之年。若受之壽涯，則已過不惑之歲。二說可以俱虛，不能皆是。今晦木合併配搭，自造一說。謂穆修壽涯同受之种放，濂溪先得穆修之圖，又得壽涯之偈，一若親睹而親證之，何其怪耶？故謂周子太極圖陰靜陽動，原本《參同契》之水火匡廓，已屬可疑，而猶之可也。若謂周子太極圖全套即依河上公魏伯陽鍾離權呂洞賓陳摶种放諸人，歷千餘載一脈相傳，為養生之秘訣。而周子特顛倒以為說，則祇見其為無據之臆想耳。稍後胡渭朏明著《易圖明辨》，於劉牧龍圖、邵子先天，辨之詳且備矣，獨於《參同契》三五至精圖則曰：

> 此圖與宋紹興甲寅朱震在經筵所進周子太極圖正同，或曰陳摶傳牧修，牧修傳周子，或曰周子所自作，而道家竊之以入藏，疑不能明，存而弗論。

立說之慎，較之晦木，遜乎遠矣。晦木謂濂溪盜方外養生秘訣顛倒以成〈太極圖說〉，晦木去濂溪亦已六百年，安知非有方外好事者，顛倒濂溪太極圖以言養生，晦木聞其緒餘，乃復顛倒說之，而轉疑濂溪原本養生訣說太極，此為以顛倒為不顛倒，以不顛倒為顛倒。玄黃回惑，固執為真顛倒者耶？《老子》五千言，如谷神不死之類，養生家援為寶訓，豈得謂老聃轉自竊之養生家，此皆事理之易明者。晦木又謂人物未生，五行之性如何而辨，不知周子意則謂於五氣中化生人與萬物也。晦木又謂天之生男女萬物，在一氣中無分先後，不知周子意乾道成男坤道成女，事指得其秀而最靈之人類言，所謂妙言合凝者是也。至二氣交感化生萬物，則化生而非妙合，故二者必分言之，而人類之妙合又必較萬物之化生先言之。非謂先生人，後生萬物也。今不細認作者原意，而專快己辨以為斷，寧有當乎。

黃晦木以外，復有毛奇齡大可作《太極圖說遺議》，謂：

> 《道藏》有《上方大洞真元妙品經》，有先天、太極合一之圖，陳摶先竊之，其圖適與紹興間朱震所進圖合。

先天、太極本屬兩事，康節先天之學源於陳摶，濂溪太極圖則別有來歷，具如上辨。今乃謂「趙宋以前已有竊《參同契》為太極、先天圖者。陳摶又從而轉竊之，然且分圖為二，一曰先天，一曰太極」。是竊前又有竊，希夷康節濂溪諸人，何專務偷襲乃爾。《道藏》本作偽之淵藪，毛氏不疑真元品之偽撰，而寧願歸獄於希夷濂溪之攘竊，亦祇見其困縛於一時之風氣，而弗能自拔耳。至李恕谷上顏先生書，乃謂宋儒學術之誤，實始周子，周子嘗與僧壽涯道士陳摶往來，則尤荒唐可以無譏焉矣。

又按：濂溪年三十在南安，程珦假倅焉，因與為友，令二子明道伊川遊其門，濂溪教以尋孔顏樂處所樂何事。是濂溪在當時，已的然正學之歸矣。縱《易通書》與〈太極圖說〉其時尚未成，然為學之宗旨方向已定，縱此下亦時親方外，如壽涯，如常摠，如在合州得〈讀英真君丹訣〉詩，是所謂轉益多師是吾師，孔子之於郯子，於師襄，皆其例也。若必謂濂溪之學，悉出方外，則其三十之年，明道伊川從遊，明道親述其事，宜無不信，是又何從而得之耶？

夫學術思想，公器也。其流行天壤間，如大氣之供人自由呼吸。斷不能絕無所承，亦不能絕無所化。自禪宗有傳心之說，有衣缽之爭，一時學者，競言傳統。康節濂溪皆好《易》學，顯受當時風氣影響。一立先天圖，一創太極圖，亦一時風氣所趨耳。康節之學，原本穆修無可疑。至上推希夷，已嫌渺茫。濂溪更無淵源可尋。二人皆以上智之才，豈不能稍有創建，而必待方外之秘傳？道統之說，源本禪宗。韓愈謂堯以是傳之舜，舜以是傳之禹湯文武周公孔子，孔子傳之孟子，孟子之死而不得其傳。其說固可招後人之譏議，與其謂周公傳之孔子，孔子傳之孟子，何不謂孟子學之孔子，孔子學之周公之更為妥愜。今必謂有宋理學某也源於和尚，某也源於道士，以求污辱其所謂道統之尊嚴，此亦風氣激盪，一彼一此，勢有必至。若即據此等以尚論古人學術源流之真相，則楚雖失之，齊亦未得。故為再列陳說而稍稍分辨焉。

《正蒙》大義發微

周張二程，為北宋理學四大儒。然二程論學旨趣，已不盡同。其於濂溪，雖少嘗從游，然終身不甚推挹。於其〈太極圖說〉，更無一言道及。而盛推橫渠〈西銘〉，顧又不許其《正蒙》。曰：「橫渠立言，誠有過者，乃在《正蒙》。」朱子一尊二程，又確然以濂溪為二程所自出。謂濂溪〈太極圖說〉，傳自二程。其於橫渠，則尊〈西銘〉，疑《正蒙》，皆本二程之意。後世言宋學，承襲晦翁，幾於奉為定論。惟明末王船山，獨宗橫渠，特為《正蒙》注，頗辨程張之異。顧又以《正蒙》比傅於濂溪之太極圖，此在朱子固已剖辨，謂：「《正蒙》說道體處，止是說氣，說聚散，其流乃是箇大輪迴，須是周子說無極而太極最好。」船山乃謂《正蒙》、〈太極〉，陳義相同，是仍未脫晦翁樊籬，故牽附太極圖為說，於《正蒙》獨特處，不僅不能為之洗發，又轉益歧之。今《正蒙》精義既隱，而空推其〈西銘〉，〈西銘〉立言宗旨，原本《正蒙》，撥其根而擷其實，又豈為能真知〈西銘〉者。竊謂欲究周張二程論學大體，當各就其所見，分別而觀，庶可以得各家之真相。本篇於《正蒙》隱旨，稍加抉發。不僅橫渠一家面目從此顯露，即濂溪二程晦翁之異同，亦可藉以推見。治斯學者，儻能繼續尋繹，則此篇開其塗轍，洪非小有裨補而已也。

太和所謂道，中涵浮沉升降動靜相感之性，是生絪縕相盪勝負屈伸之始。

高忠憲曰：太和，陰陽會合沖和之氣也。《易》曰：「一陰一陽之謂道。」張子本易以明器即是道，故指太和以名道。蓋理之與氣，一而二，二而一者也。理無形而難窺，氣有像而可見，假有象者而無形者可默識矣。浮沈升降動靜者，陰陽二氣自然相感之理，是其體也。絪縕交密之狀，二氣摩盪，勝負屈伸，如日月寒暑之往來，是其用也。

按：高注此條最諦當。其曰張子本易以明器即是道，即後來船山之主張。

朱子曰：此以太和狀道體，與發而中節之和無異。

按：太和乃一氣沖和陰陽未分之際，豈可與發而中節之和相擬，朱子蓋承程子意而誤說。

王船山曰：〈太和篇〉首明道之所自出，物之所自生，性之所自受，而作聖之功，下學之事，必達於此而後不為異端所惑。蓋即〈太極圖說〉之旨，而發其所函之蘊也。

按：濂溪〈太極圖說〉，用意在說明天地萬物所由始，故曰無極而太極。此即壽涯之倡所謂，有物先天地，無形本寂寥，能為萬象主，不逐四時凋也。劉原父謂太極乃為氣之先，一種無物之物，此說太極義最的。若必求天地萬物何由始，則必涉於渺茫之域。老莊謂天地萬物生於有，有生於無，無極而太極，即此意。朱子謂理生氣，即本濂溪而微變之者。橫渠屏除此問題不論，即氣之一陰一陽者便是道，更不問此氣何自始，何自來，惟高忠憲一注，獨得其神理。船山此條，謂明「道所自出，物所自生，即〈太極圖說〉之旨」，可謂失之毫釐，謬以千里矣。船山論學，頗得橫渠奧旨，而此意實誤，不容不辨。

船山又曰：太和，和之至也。道者，天地人物之通理，即所謂太極也。陰陽異撰，而其絪縕於太虛之中，合同而不相悖害，渾淪無間，和之至矣。未有形器之先，本無不和。既有形器之後，其和不失，故曰太和。

按：船山以理字太極字釋道，皆不恰當，皆非橫渠本旨。謂陰陽絪縕於太虛之中，亦有語病，辨詳後。

> 太虛無形，氣之本體。其聚其散，變化之客形爾。至靜無感，性之淵源。有識有知，物交之客感爾。客感客形，與無感無形，惟盡性者一之。

朱子曰：客感客形，與無感無形，未免分截作兩段事，聖人不如此說，只說形而上形而下而已。

按：橫渠又云：「氣之為物，散入無形，適得吾體。」此即以太虛無形為氣之本體也。蓋說氣猶落在有形一邊，故橫渠補出氣之散而為太虛一層。太虛只是無形，而非無。橫渠又曰：「氣不能不聚而為萬物，萬物不能不散而為太虛，循是出入，是皆不得已而然也。」是則氣聚為萬物，氣散為太虛，太虛之與萬物，不過一氣之聚散，並非一氣與萬物聚散於太虛之中也。何以橫渠必補出太虛一語？蓋苟不立太虛之體，則莊生所謂萬物以不同形相禪，一氣聚散，各自為物，不相關顧，即近於佛氏之輪迴，即不免有生死存亡。今為特立太虛之體，則聚為萬物，散歸太虛，既不如「語寂滅者往而不返」，又不如「徇生執有者物而不化」。蓋橫渠用意，正為破輪迴。朱子乃謂「《正蒙》說道體處，如太和太虛虛空云者，止是說氣，說聚散處，其流乃是箇大輪迴」，此斷非橫渠原義，實不如高忠憲以體用為釋（見前引注文）之妙得作者旨趣也。明夫此，則朱子批評此條謂分截作兩段事者，亦非矣。

《二程遺書》：或問太虛，曰亦無太虛。遂指虛，曰皆是理，安得謂之虛，天下無實於理者。

今按：依橫渠意，當曰太虛皆是氣，天下無實於氣者。二程可謂理一元論，橫渠則氣一元論也。橫渠於萬象紛錯之後面，建一太虛以為之體，二程則只就萬象紛錯中究尋一相通之理，不於萬象後面再立本體，此程張兩家之異。至朱子兼重理氣，則為理氣和合之一元論，是一即現象即本體之一元論也。

聚亦吾體，散亦吾體，知死之不亡者，可與言性矣。

船山曰：朱子以橫渠言既聚而散，散而復聚，譏其為大輪迴，而愚以為朱子之說，反近於釋氏滅盡之言。車薪之火，一烈已盡，而為燄為烟為燼，木者仍歸木，水者仍歸水，土者仍歸土，特希微而人不見爾。一甑之炊，溼熱之氣，蓬蓬勃勃，必有所歸。若盦蓋嚴密，則鬱而不散。汞見火則飛，不知何往，而究歸於地。有形者且然，況其絪縕不可象者乎？故曰往來、曰屈伸、曰聚散、曰幽明、而不曰生滅。生滅者，釋氏之陋說也。

按：船山此辨，頗得近代科學家物質不滅之精義。然自最近有原子能之發見，則質不可見，而能猶存在。質相當於橫渠之氣，但能則不相當於橫渠之虛。橫渠以太虛為氣之體，近代科學分析原子，最後淨存一種能力，似非虛義。橫渠謂聚亦吾體，散亦吾體，死而不亡，知此可與言性，性即一種能也。橫渠歸氣於虛，近代歸質於能，虛字似不如能字更愜，要自與老釋有無先後之辨則不同。

知虛空即氣，則有無隱顯神化性命，通一無二。若謂虛能生氣，則虛無窮，氣有限，體用殊絕，入老氏有生於無自然之論，不識所謂有無混一之常。若謂萬象為太虛中所見之物，則物與虛不相資，形自形，性自性，形性天人不相待，而有陷於浮屠以山河大地為見病之說。此道不明，正由懵者略知體虛空為性，不知本天道為用，反以人見之小因緣天地，明有不盡，則誣世界乾坤為幻化，幽明不能舉其要，遂躐等妄意而然。遂使儒佛老莊，混然一途。

王船山曰：誤解太極圖者，謂太極本未有陰陽，因動而始生陽，靜而始生陰。不知動靜所生之陰陽，為寒暑潤燥男女之情。質乃固有之蘊，其絪緼充滿在動靜之先。動靜者，即此陰陽之動靜，動則陰變於陽，靜則陽凝於陰，非動而後有陽，靜而後有陰，本無二氣，由動靜而生，如老氏之說也。

按：橫渠此條，闢老闢佛，自標己旨，最為明白。濂溪〈太極圖說〉大意，實本於老氏。故必曰無極而太極。若求天地最先第一因，必陷於無因可得，此正橫渠所譏以人見之小，因緣天地，彼見世事常若因果相續，因據以推天地，必謂天地萬物有其前因。西方宗教，則謂天地萬物由上帝所造。老莊則謂天地萬物實無前因，忽然而有，故曰自然。此即濂溪無極而太極之本義也。象山與晦菴辨太極圖，堅謂無極一語本諸老氏，此實有據。今船山因晦翁盛尊太極圖，遂曲相彌縫，以《正蒙》、〈太極〉混成一說，而於無極二字避而不論，可見其破綻矣。〈太極圖說〉明曰太極動而生陽，動極復靜，靜而生陰，船山必曰非動而後有陽，靜而後有陰，此明破〈太極圖說〉，而謂之是〈太極圖說〉，可乎？且如船山語，陰陽二氣，早在動靜之先，可以稱太極，又何以稱無極乎？豈無極中早已有陰陽二氣乎？今所以必加明辨者，非以駁濂溪，乃以辨《正蒙》與〈太極圖說〉之不同。至於兩說孰是孰非，則更當別論。

《朱子語類》：問橫渠云太虛即氣，太虛何所指？曰他亦指理，但說得不分曉。曰：太和如何？曰亦指氣。曰：他又云由昧者指虛空為性，而不本天道，如何？曰既曰道，則不是無，釋氏便直指空了。大要橫渠當初說出此道理多誤。

按：橫渠明云太虛即氣，乃朱子偏云太虛指理，自以己見說橫渠，則自見橫渠為說得不清楚矣，惟釋氏直指空了固不是。而橫渠必指曰虛，究竟虛與空所辨何在，終嫌用字不當。

又問：橫渠云太虛即氣，乃是指理為虛，似非形而下。曰：縱指理為虛，亦如何夾氣作一處。

按：橫渠明說太虛即氣，朱門偏要說成太虛即理，乃反駁橫渠又夾氣作一處。學者必從此等處覷破，始能分辨得古人學術真相。

氣聚則離明得施，而有形。氣不聚則離明不得施，而無形。方其聚也，安得不謂之客？方其散也，安得遽謂之無？故聖人仰觀俯察，但云知幽明之故，不云知有無之故。

王船山曰：聚而明得施，人遂謂之有。散而明不可施，人遂謂之無。不知聚者暫聚，客也，非必為常存之主。散者返於虛也，非無固有之實。人以見不見而言之，是以滯爾。

按：此條船山解極明析。《正蒙》但論幽明，不論有無，幽明屬知識論，有無屬本體論。人所不見，只可謂之幽，不可謂之無。太虛即幽也，《正蒙》從未推論到天地未生之前，是《正蒙》獨特處。孫夏峯謂〈西銘〉就既有天地說起，〈太極圖說〉就未有天地說起，此說極是。《正蒙》全書皆是就既有天地說起也。

氣之聚散於太虛，猶冰凝釋於水。知太虛即氣，則無無。故聖人語性與天道之極，盡於參伍之神，變易而已。諸子淺妄，有有無之分，非窮理之學也。

王船山曰：人之所見太虛者，氣也，非虛也。虛涵氣，氣充虛，無有所謂無者。

按：虛涵氣，氣充虛六字，疑非《正蒙》原義，與陰陽絪縕於太虛之中同一語病。

太虛為清，清則無礙，無礙故神。反清為濁，濁則礙，礙則形。

程子曰：一氣相涵，周而無餘，謂氣外有神，神外有氣，是兩之也。清者為神，濁者何獨非神乎？

按：太虛即氣，則清而無礙者亦氣也，何嘗謂氣外有神，神外有氣，而兩之？《正蒙》原意，氣有清濁之分，故有神形之別，是神與形皆氣也。程子則謂善與惡皆理，清與濁皆神，雙方立意各不同。後人以程糾張，遂兩失之。

《朱子語類》：明道說氣外無神，神外無氣，謂清者為神，則濁者非神乎，後來亦有人與橫渠說，橫渠卻云清者可以該濁，虛者可以該實，卻不知形而上者還他是理，形而下者還他是氣，既說是虛，便是與實對了，既說是清，便是與濁對了。

按：橫渠之意，謂清可以該濁，虛可以該實者，其實乃總可以該別，全體可以該部分也，此義通觀《正蒙》前後文自知。若定把字面說之，謂虛與實對，清與濁對，則濂溪無極之無，豈不與有對，朱子不彼之非，而必此之辨，何也？然亦《正蒙》用此虛字有以致此。

又問：太虛之說，本是說無極，卻是說得無字。曰：無極是該貫虛實清濁而言，無極字落在中間，太虛字落在一邊了。

按：《正蒙》與〈太極圖說〉本不同，船山謂太虛是太極，誤也。朱門指太虛為無極，亦誤。朱子謂虛實落在一邊，無極該貫虛實，落在中間，蓋無極只指無此極，無是一形容辭，不如言虛，則與實對，落在一邊。

又問：橫渠有清虛一大之說，又要兼清濁虛實，曰：渠初云清虛一大，為伊川詰難，乃云清兼濁，虛兼實，一兼二，大兼小，渠本要說形而上，反成形而下。

按：伊川晦翁理氣分說，故指理為形而上，氣為形而下。橫渠則形上形下只是一氣，故晦翁認為只是形而下。

或問：橫渠先生清虛一大之說，如何？曰：他是揀那大底說話來該攝那小底，卻不知道纔是恁說，便偏了，便是形而下者，不是形而上者，須是兼清濁虛實一二小大來看，方見得形而上者行乎其間。

按：此即理兼善惡，神兼清濁之說也。故朱子又云：「有此理則清濁虛實皆在其中。」然如此也會使人誤會成理氣對立。《正蒙》只主唯氣一元，但因用了太虛字，故另生爭辨。所謂形而下也。因此見立意用字之難。然不用太虛字，又恐人誤會為唯物，即朱子若疑其有病，則應在此。

又：橫渠言清虛一大為道體，是於形器中揀出好底來說耳，遺書中明道嘗辨之。

按：明道云：「子厚以清虛一大名天道，是以器言，非形而上者。」又云：「橫渠立清虛一大為萬物之源，恐未安。須兼清濁虛實，乃可言神。道體物而不遺，不應有方所。」此皆朱子所本。橫渠正欲指出器即是道，形上從形下見，非由形上產出形下。故余名之曰氣一元。

王船山曰：其在於人，太虛者，心涵神也。濁而礙者，耳目口體之各成其形也。礙而不能相通，故嗜欲止於其所便利，而人己不相為謀。官骸不相易，而目不取聲，耳不取色。物我不相知，則利其所利，私其所私。聰明不相及，則執其所見，疑其所罔。聖人知氣之聚散無恆，而神通於一，故存神以盡性，復健順之本體，同於太虛，知周萬物，而仁覆天下矣。

按：船山此條，頗可與《正蒙》本義相發明。心與耳目口體之別，亦全體與部分之別也。

由太虛有天之名，由氣化有道之名，合虛與氣有性之名，合性與知覺有心之名。

朱子曰：本只是一個太虛，漸細分得密爾。且太虛便是四者之總體，而不離乎四者而言。由氣化有道之名，氣化是陰陽造化，寒暑晝夜，雨露霜雪，山川木石，金水火土，皆是。只此便是太虛，但雜卻氣化說。雖雜氣化說，而實不離乎太虛，未說到人物各具當然之理處。合虛與氣有性之名，有這氣，道理便隨在裏面，無此氣，則道理無安頓處。如水中月，須是有此水，方映得月。心之知覺，只是那氣之虛靈底，聰明視聽，作為運用，皆是。有這知覺，方運用得這道理。所以張子說：「人能弘道，是心能盡性，非道宏人，是性不知檢其心。」邵子說：「心者，性之郛郭。」此等語皆秦漢以下人道不到。

按：朱子此條，初看似頗合橫渠本意，細味仍是朱子自己意見。他說合虛與氣有性之名，有這氣，道理便隨在裏面，無此氣，則道理無安頓處，是仍認太虛為理，由氣而見。橫渠本意，則謂太虛即氣，並非謂太虛安頓在氣裏也。然則橫渠何以又謂合虛與氣乎？蓋橫渠之意，太虛是總體之名，氣是個別之名，若僅有總體，不散為個別，則太虛無形，至靜無感，便不見有所謂性。但若散為個別，而更無總體存在，則亦將無性可言。故必合虛與氣，而始有性之名，此即前引「客感客形與無感無形惟盡性者能一之」之說也。

朱子曰：由氣化有道之名，如所謂率性之謂道是也。然使明道形容此理，必不如此說。

按：由氣化有道之名，乃一陰一陽之謂道，非率性之謂道也。朱子心中自存性即理，理生氣，太虛即指理等觀念，故說如此。

兩不立則一不可見，一不可見則兩之用息。兩體者，虛實也，動靜也，聚散也，清濁也，其究一而已。

高忠憲曰：本一氣而已，而有消長，故有陰陽。有陰陽，而後有虛實動靜聚散清濁之別也。

按：高注此條，本一氣而已，語最透截。非言陰陽，則無以見一氣。非言太虛與氣，亦無以見一氣。《正蒙》必立太虛與氣之兩者，其意亦在使人更見一氣之真耳。故曰兩體者，虛實也，動靜也，聚散也，清濁也。清虛靜散四字，皆屬太虛一邊，惟橫渠之意，則謂清虛靜散可以該濁實動聚而已。

感而後有通，不有兩，則無一。故聖人以剛柔立本，乾坤毀則無以見易。（以上〈太和篇〉）

王船山曰：藉令本無陰陽兩體虛實清濁之實，則無所容其感通，而謂未感之先初無太和，亦可矣。今既兩體各立，則溯其所從來，太和之有一實，顯矣。非有一，則無兩也。

按：王注此條，論太和有一實，極是。太虛即太和也，烏得謂太虛非有一實？此即高忠憲所謂本一氣而已也。

一物兩體，氣也。一故神。兩在故不測。兩故化。推行於一。此天之所以參也。（〈參兩篇〉）

朱子曰：此語極精。一故神，只是這一物周行乎事物之間，如陰陽屈伸往來上下，以至於行乎十百千萬之中，無非這一個物事，所以謂兩在故不測。兩故化，凡天下之事，一不能化，惟兩而後能化。且如一陰一陽，始能化生萬物，雖是兩，要之亦推行乎此一耳。

按：橫渠謂一物而兩體，並非謂別有一物周行乎事物之間也。朱子謂這一個事物者，乃指理言，若橫渠則明明謂一物兩體只是氣。

朱子曰：一是一個道理，卻有兩端，用處不同。譬如陰陽，陰中有陽，陽中有陰，陽極生陰，陰極生陽，所以神化無窮。

按：橫渠原義，一是一個氣，氣一物而兩體。惟其是一物，故神。惟其是兩體，故化。若一是一個理，理與氣已分，非一物。若是一物，則仍是一個氣。

高忠憲曰：一物兩體，即太極兩儀也。太極，理也，而曰氣者，氣以載理，理不離氣也。氣唯一物，故無在無不在，而神是兩者，以一而神妙也。氣惟兩體，故一陰一陽，而化是一者，以兩而變化也。

按：高注此條，以太極釋一物，乃指《易經》之太極言，不指濂溪〈太極圖說〉言，較為無病。又云太極理也，似仍未脫淨朱子牢籠。然下文緊接而曰氣者而解釋之，終為扣緊橫渠《正蒙》原旨，故不為病。

天體物而不遺，猶仁體事無不在也。（〈天道篇〉）

朱子曰：體物猶言為物之體也。蓋物物有個天理，凡言體，便是做他那骨子，本是言物，以天為體。

按：天即太虛，上文由太虛有天之名是也。物物都以天為體，卻非以天理為體。橫渠只言萬物一體，不言萬物一理。

神天德，化天道。德其體，道其用。一於氣而已。

高忠憲曰：不外乎陰陽，故曰一於氣而已。

按：《易》云：「非至德，至道不凝焉。」道必凝於德，與老莊先道而後德者意義不同。濂溪〈太極圖說〉，則先道而後德也。

神无方，易无體，大且一而已爾。

高忠憲曰：既大且一，故無方所，無形體之可求也。

按：此大且一者，即神也，亦即太虛也，故曰清虛一大。高注極是。豈如程子所云，清虛一大，便落方所，為形而下乎？

氣有陰陽，推行有漸為化，合一不測為神。《中庸》曰：至誠為能化，孟子曰：大而化之，皆以其德合陰陽，與天地同流而無不通也。世人取釋氏銷礙入空，學者舍惡趨善以為化，此直可以為始學遺累者，薄乎云爾，豈天道神化所可同日語哉。

朱子曰：神化二字，雖程子說得亦不甚分明，惟是橫渠推出來。

王船山曰：釋氏以真空為如來藏，謂太虛之中本無一物，而氣從幻起，以成諸惡，為障礙真如之根本，故斥七識乾健之性，六識坤順之性，為流轉染污之害源。

按：橫渠蓋以天地為一氣充周，此即神也。萬物乃一氣轉變，此即化也。神化盡在一氣，自與釋氏真空之見不同，亦與老莊由無生有自然之論有辨。

神化者，天之良能，非人能。故大而位天德，然後能窮神知化。

按：天者全體之稱，人則個別之辭。人求窮神知化，必先由個別中解放，以期達到天德全體之境而後可，此與釋氏銷礙入空近似而有辨，亦非老莊遊心於無之說。細味《正蒙》前後文，可得其趣。即所謂德合陰陽，與天地同流而無不通也。

無我而後大，大成性而後聖，聖位天德不可致知謂神。故神也者，聖而不可知。

按：位天德，即無我也。性必合虛與氣而成，故大而後能成性也。

徇物喪心，人化物而滅天理者乎？存神過化，忘物累而順性命者乎？

高忠憲曰：徇物欲即滅天理，忘物累即順性命，間不容髮。

按：徇物謂拘於個別，而忘其全體也。存神則存其大全，以範圍乎個別而不失矣。

無我然後得正己之盡，存神然後妙應物之感。範圍天地之化而不過，過則溺於空，淪於靜，既不能存夫神，又不能知夫化矣。（以上〈神化篇〉）

按：範圍天地之化而過者，如釋之言真空，老之言守靜是也。無我則合一不測矣，存神則忘物順性矣。此皆合虛與氣，融小我入大一之旨。

天人異用，不足以言誠。天人異知，不足以盡明。所謂誠明者，性與天道不見乎小大之別也。

王船山曰：《中庸》曰，天命之謂性，為人言，而物在其中。又曰，率性之謂道，則專乎人，而不兼乎物矣。物不可謂無性，而不可謂有道。道者，人物之辨，所謂人之所以異於禽獸也。故孟子曰：人無有不善，專乎人而言之。善而後謂之道。汎言性，則犬之性牛之性，其不相類久矣。盡物之性者，盡物之理而已。虎狼噬人以飼其子，而謂盡父子之道，亦率虎狼之性為得其道而可哉？禽獸，無道者也，草木，無性者也，張子推本神化，統動植於人而謂萬物之一源。切指人性，而謂盡性者不以天能為能。同歸殊塗，兩盡其義，其視程子以率性之道為人物之偕焉者，得失自曉然易見。

又曰：性雖在人而小，道雖在天而大，以人知天，體天於人，則天在我而無小大之別矣。

按：合虛與氣，即天人合一也。此惟人能之，而物不能。物者，氣而已，不復合虛，此橫渠之所以異夫老莊也。船山本此辨張程之異，極是有見。

性者，萬物之一源，非有我之得私也。惟大人為能盡其道，是故立必俱立，知必周知，愛必兼愛，成不獨成。彼自蔽塞而不知順吾理者，則亦未如之何矣。

朱子曰：所謂性者，人物之所同得，非惟己有是，人亦有是，非惟人有是，物亦有是。

王船山曰：此章統萬物於一源，溯其始而言之，固合人物而言，而曰立曰成，則專乎人之辭爾。

按：船山此條，較朱子為允愜。朱子專本性即理言。船山據率性之為道言，兩者自有區別也。

天能為性，人謀為能，大人盡性，不以天能為能，而以人謀為能，故曰天地設位，聖人成能。

王船山曰：盡心為盡性之實功。天地有其理，誠也。聖人盡其心，誠之者也。

按：船山此條，以《孟子》盡心為盡性實功說之，亦是。朱子注《孟子》，卻倒說了，謂盡性而後能知心。此是程朱與橫渠見解不同處。

盡性然後知生無所得，則死無所喪。

高忠憲曰：生死者，形也。性豈有生死哉？

按：此乃橫渠言性異孔孟處。

未嘗無之謂體，體之謂性。

《朱子語類》：問橫渠說天性在人，猶水性之在冰，凝釋雖異，其理一也。又言未嘗無之為體，體之謂性。先生皆以其言為近釋氏，冰水之喻，有還元反本之病，云近釋氏則可。未嘗無之謂體，體之謂性，蓋謂性之為體本虛，而理未嘗不實，若與釋氏不同。曰他意不是如此，亦謂死而不亡耳。

按：橫渠謂性死而不亡者，蓋指性合太虛與氣而成，言其太虛之體，則未嘗亡也。然橫渠此義，實近釋氏。朱子辨之甚是。蓋橫渠論性，固與程朱異，亦與孔孟不同。船山之辨，亦彰其一而昧其一也。

性通乎氣之外，命行乎氣之內，氣無內外，假有形而言爾。

王船山曰：人各有形，形以內為吾氣之區宇。形以外，吾之氣不至焉，故可立內外之名。性命乎神，天地萬物，函之於虛靈而皆備。然則命者私也，性者公也，性本無蔽，而命之戕性，惟不知其通極乎性也。

按：《中庸》曰：天命之謂性，而船山謂命之戕性，蓋謂由偏害全也。然橫渠此等處，本與孔孟不同，孔孟未嘗言性通乎氣之外也。

天性在人，正猶水性之在冰，凝釋雖異，為物一也。受光有小大昏明，其照納不二也。

《朱子語類》：問水冰之說，何謂近釋氏？曰水性在冰，只是凍凝成個冰，有其造化。及其釋，則這冰復歸於水，便有迹了，與天性在人自不同。曰：程子器受日光之說便是否？曰：是。除了器，日光便不見，卻無形了。

按：此處見張程兩家論性異點。若如器受日光之說，則光器終是二物，故朱子改說理氣。橫渠冰水之喻，冰水只是一實，故為唯氣一元論也。

高忠憲曰：以水喻天，以冰喻人，以凝釋喻生死，以受光喻氣稟之不同，以照納喻性之不二。

按：橫渠言天性之於人，正猶太虛之與氣。橫渠極不願言輪迴，故於氣外又言太虛。又極不願言生死，故以冰水之喻說性。橫渠本意，求欲超輪迴而出死生，而其實受佛家影響甚大。孔孟言性，則如水之涼，火之熱，水滅火熄，涼與熱亦自不在。至於人生之不朽，則別自有在。其言仁，亦不從萬物一體立說。此皆宋儒與先秦儒相異絕大節目。學者不僅當分別周張程朱，又當分別宋與先秦，各各分別而觀，則自得各家之真相也。

性其總，合兩也。命其受，有則也。不極總之要，則不至受之分。天所自不能已者謂命，不能無感者謂性。雖然，聖人猶不以所可憂而同其無憂者，有相之道存乎我也。

《朱子語類》：問橫渠謂所不能無感者謂性，性只是理，安能感，恐此言只可名心否？曰橫渠此言，雖未親切，然亦有個模樣。蓋感固是心，然所以感者，亦是此心中有此理，方能感。理便是性，但將此句要來解性，便未端的。

又問：橫渠言物所不能無感謂性，此語如何？曰：有此性，自是因物有感，見於君臣父子日用事物當然處，皆感也。所謂感而遂通是也。此句對了。天所不能自已謂命，蓋此理自無息止時，晝夜寒暑，無一時停，故逝者如斯，而程子謂與道為體，這道理今古晝夜無須臾息，故曰不能已。

按：橫渠言性，猶其言太虛，言天，故曰合兩之總。迨其命於人，則由全至別，由總至分，猶太虛之為氣矣。故既曰合虛與氣而有性之名，又曰不極總之處，則不至受之分。蓋欲盡我稟受之分，則必上窮天命之全也。迨夫性之既稟而有分，則彼我不能無相感。天地無憂，是至靜無感，性之源也。聖人輔相天地而有憂，是物交之客感。必客感與無感相一，而後謂之盡性，即極總之要乃至受之分之意也。故又曰有無虛實通為一物者，性也。不能為一，非盡性也。又曰性通極於無，氣其一物爾。朱子兩條，皆牽搭理字為釋，非橫渠真義。

湛一，氣之本。攻取，氣之欲。口腹於飲食，鼻舌於臭味，皆攻取之性也。知德者，屬厭而已。不以嗜欲累其心，不以小害大，末喪本焉爾。

朱子曰：湛一是未感物之時，湛然純一，此是氣之本。攻取如目之欲色，耳之欲聲，便是氣之欲。曰攻取是攻取那物否？曰是。

按：攻取即氣質之性也，湛一則天地之性也。攻取亦所謂不能無感者耳，故曰屬厭而已。口腹不能無飲食，鼻舌不能無臭味，惟此皆別於人人，不以此害其性之大全之源可也。

形而後有氣質之性，善反之則天地之性存焉。故氣質之性，君子有弗性者焉。

朱子曰：天地之性，則太極本然之妙，萬殊之一本也。氣質之性，則二氣交運而生，一本而萬殊也。

又曰：天地之性，是理也。纔到有陰陽五行處，便有氣質之性，於此便有昏明厚薄之殊。

又曰：論天地之性，則專指理而言。論氣質之性，則以理與氣雜而言之。

又曰：氣質陰陽五行所為性，即太極之全體。但論氣質之性，即此體墮在氣質之中耳，非別有一性也。

按：天地之性，指其總全而言。氣質之性，指其分別而言。總與分，並非二物，不如理與氣。朱子謂此性墮在氣質之中，非橫渠意。當云天地之性分散而為氣質之性，非天地之性墮在氣質中也。

又曰：氣質之說，起於張程，極有功於聖門，有補於後學，前人未經說到，故張程之說立，則諸子之說泯矣。

王船山曰：氣質者，氣成質而質還生氣也。氣成質，則氣凝滯而局於形，取資於物以滋其質。質生氣，則同異攻取，各從其類，故耳目口鼻之氣，與聲色臭味相取，亦自然而不可拂違。此有形而始然，非太和絪緼之氣，健順之常所固有也。舊說以氣質之性為昏明彊柔不齊之品，與程子之說合。今按：張子以昏明彊柔得氣之偏者繫之才，而不繫之性，故下章詳言之。而此言氣質之性，蓋孟子所謂耳目口鼻之於聲色臭味者爾。蓋性者生之理也。均是人也，則此與生俱有之理，未嘗或異。故仁義禮知之理，下愚所不能滅，而聲色臭味之欲，上智所不能廢，俱可謂之為性，而或受於形而上，或受於形而下，初無二理。但形而上者，為形之所自生，則動以清，而事近乎天。形而後有者，資形起用，則靜以濁，而事近乎地。形而上者，亙生死，通晝夜，而常伸，事近乎神。形而後有者，困於形，而固將竭，事近乎鬼。則一屈一伸之際，理與欲皆自然，而非由人為，故告子謂食色為性，亦不可謂為非性，而特不知有天命之良能爾。若夫才之不齊，則均是人而差等萬殊，非合兩而為天下所大總之性，性則統乎人而無異之謂。

按：船山此條，辨張程氣質之性之不同，辨才性之異，剖析甚微，而實未全是。謂張程言性相異，是也。辨下章剛柔緩急謂非氣質之性，則非也。橫渠之意，天地之性乃其全，氣質之性乃其偏，然捨偏亦無以見全。故曰合虛與氣，有性之名。若謂性統乎人而無異，則氣質自氣質，性自性，船山亦仍有程朱理氣之意梗於胸中，而不自知也。

人之剛柔緩急，有才與不才，氣之偏也。天本參和不偏，養其氣，反之本而不偏，則盡性而天矣。性未成則善惡混，故亹亹而繼善者，斯為善矣。惡盡去，則善因以亡，故舍曰善而曰成之者性。

王船山曰：程子謂天命之性與氣質之性為二，其所謂氣質之性，才也，非性也。張子以耳目口體之必資物而安者為氣質之性，合於孟子，而別剛柔緩急之殊質者為才。性之為性，乃獨立而不為人所亂。蓋命於天之謂性，成於人之謂才。靜而無為之謂性，動而有為之謂才。性不易見，而才則著，是以言性者但言其才而性隱。張子辨性之功，大矣哉。

又曰：商臣之蠭目豺聲，才也。象之傲而見舜則忸怩，性也。居移氣，養移體，氣體移則才化，性則不待移者也。

按：船山辨才性，其實乃程氏意耳，其語屢見於遺書。而船山都不有記，何也。其實才性之辨即猶理氣之辨，此皆程朱論學大條目。孟子曰：非天之降才爾殊也。又曰：為不善，非才之罪。未嘗異才於性也。橫渠《理窟》有〈氣質篇〉，又有〈義理篇〉，皆言變化氣質。又〈學大原篇上〉，謂「氣質猶人言性氣，氣有剛柔緩速清濁，質才也，惟其能克己，則為能變化卻習俗之氣性。制得習俗之氣，所以養浩然之氣。某舊多使氣，後來殊減，更期一年，庶幾無之。如太和中容萬物，任其自然」。大抵橫渠認氣質之性落於偏，非太和中正，故須變化。若曰性不待移，橫渠何又屢言成性乎？

德不勝氣，性命於氣。德勝其氣，性命於德。

按：德，天德，正德也。氣，形氣，偏氣也。德與氣合始成性，若德不勝氣，則性受命於氣，落於一己小我之偏私，此即氣質之性也。若德勝其氣，則性受命於德，為太和大中至正之性，即天地之性也。

利者為神，滯者為物，是故風雷有象，不速於心，心禦見聞，不弘於性。（以上〈誠明篇〉）

高忠憲曰：禦，止也。為見聞所梏也。風雷猶有象，故不如心之速。心禦見聞，故不如性之宏。然則人心無物，則不滯而神矣。

按：心禦見聞，則易落於形質之偏，故橫渠又言「凡物莫不有性，由通蔽開塞，所以有人物之別。由蔽有厚薄，故有智愚之別」。蓋物為氣質所蔽塞，不能由氣反虛，不能合氣於虛，故雖有性，亦不得謂之性矣。

大其心，則能體天下之物。物有未體，則心為有外。世人之心，止於聞見之狹。聖人盡性，不以見聞梏其心。其視天下，無一物非我。孟子謂盡心則知性，知天，以此。天大無外，故有外之心，不足以合天心。見聞之知，乃物交而知，非德性所知。德性所知，不萌於見聞。

朱子曰：體猶仁體事而無不在，言心理流行，脈絡貫通，無有不到。苟一物有未體，則便有不到處，包括不盡，是心為有外。蓋私意間隔，而物我對立，則雖至親，且未必能無外矣。問體之義？曰此是置心在物中，究見其理，如格物致知之意，與體用之體不同。

按：朱子置心在物中，究見其理云云，乃程子意，非橫渠意。橫渠正言體用之體，猶〈西銘〉天地之塞我其體也。橫渠以萬物為一體，故視天下無一物非我。故須無我，此指小我言。須大其心，此指聞見之心言。必使此心無外，則位天德而合乎性矣。故曰合性與知覺，有心之名。見聞之心，有知覺而不能合性。依橫渠之意，即不謂之心可也。

問：如何得不以見聞梏其心？曰張子此說，是說聖人盡性事。如今人理會學，須是有見聞，豈能舍此？先是於見聞上做工夫，到然後脫然貫通。蓋尋常見聞一事，只知得一個道理，若到貫通，便都是一理。曾子是已。

按：朱子以格物窮理說橫渠此條，乃言工夫非本體。明道云：「仁者渾然與物同體，識得此理，以誠敬存之而已，更有何事？」此卻較近。格物窮理，仍是聞見之心，仍不是與物一體。須到豁然貫通時，始是真此心。故曰此心之全體大用無不達也。

王船山曰：大其心，非故擴之使遊於荒遠也。天下之物相感而可通者，吾心皆有其理，惟意欲蔽之，則小爾。由其法象，推其神化，達之於萬物一源之本，則所以知明處當者，條理無不見矣。天下之物皆用也，吾心之理其體也。盡心以循之，則體立而用自無窮。

又曰：盡性者，極吾心虛靈不昧之良能，舉而與天地萬物所從出之理合，而知其大始，則天下之物與我同源，而待我以應而成。

按：橫渠言萬物一體，船山言萬物同源。橫渠言太和，船山言大始。船山謂萬物同出一理，皆程朱義，非橫渠義。故船山以太極說太虛也。

朱子曰：橫渠此說固好，然只管如此說，相將便無規矩，無歸著，入於邪遁之說，此心便瞥入虛空裏去了。

按：橫渠言心無外，言萬物一體，實如朱子之評，此心瞥入虛空裏去。惟因明道極推〈西銘〉，故朱子婉轉言之。若伊川晦翁自己路脈，則與橫渠此等處相隔甚遠。

由象識心，徇象喪心，知象者心，存象之心，亦象而已，謂之心可乎？

按：存象之心，落於形氣，不足以合性，故橫渠不謂之心也。

耳目雖為性累，然合內外之德，知其為啟之之要也。

王船山曰：累者，累之使禦於見聞之小爾，非欲空之而後無累也。內者心之神，外者物之法象，法象非神不立，神非法象不顯，多聞而擇，多見而識，乃以啟發其心思，而會歸於一，又非徒恃存神而置格物窮理之學也。

按：內外指形氣言。中人自據形氣，以我為內，以物為外也。合內外之德，由耳目聞見啟之，故曰合虛與氣，合性與知覺，橫渠並不并氣與知覺而蔑棄之也。船山必牽搭朱子格物窮理為說，大非橫渠原義。

釋氏不知天命，而以心法起滅天地，以小緣大，以末緣本，其不能窮而謂之幻妄，所謂疑冰者與。

王船山曰：天命太和絪縕之氣，屈伸而成萬化，小謂耳目心知見聞覺知之限量，大者清虛一大之道體，末者散而之無疑於滅，聚而成有疑於相緣以起而本無生。蓋太虛之中，無極而太極，充滿兩間，皆一實之府。緣小體視聽之知，則但見聲色俱泯之為無極，而不知無極之為太極也。

按：船山此條，牽搭無極太極，殊非橫渠原義，故誤以散而之無與聚而成有者同為末，而不知散即太虛，乃本也。凡此，橫渠原文極明顯，後人必牽搭周張程朱在一線上，故終是指說不分明耳。

釋氏妄意天性，而不知範圍天用，反以六根之微，因緣天地，明不能盡，則誣天地日月為幻妄，蔽其用於一身之小，溺其志於虛空之大，所以語大語小，流遁失中。其過於大也，塵芥六合。其蔽於小也，夢幻人世。謂之窮理，可乎？（以上〈大心篇〉）

王船山曰：流俗之徇欲者，以見聞域其所知也。釋氏之邪妄者，據見聞之所窮，而遂謂無也。致知之道，惟在遠此二愚，大其心以體物體身而已。

按：大其心以體物，是矣。體身又何說乎？橫渠萬物一體之旨，船山似始終未領肯也。

以上撮錄《正蒙》要旨，又條繫程朱高王四家之評釋，而較量其異同得失竟。今綜合述之，則橫渠乃主張唯氣一元論者，其大體頗近老莊。惟老莊推論氣之原始為無，橫渠最所反對。又橫渠乃主張萬物總為一體論者，而莊子則謂萬物以不同形相禪，又曰自其同者視之，則萬物一體，自其異者視之，則肝膽楚越。故老莊實主拆散萬物而歸之無，橫渠則主總合萬物以同於一，此其異也。橫渠立說，似全本《周易》。然《易》言陰陽，不言萬物一體。萬物一體之旨，在先秦時，最先宜出於墨家。墨翟上本天志，惠施辨析名類，今橫渠則借用道家體統，而完成墨家之論旨。故其自言「愛必兼愛，立必俱立，知必周知，成不獨成」。而〈西銘〉則曰「天地之塞吾其體，天地之帥吾其性」，顯然為一種全體渾一之主張。惟其全體渾一，故曰「民吾同胞，物吾與也」，一視同仁，更無分別。楊龜山疑〈西銘〉近墨子，其流將遂至於兼愛，殊為有見。惟二程極推〈西銘〉，故伊川告龜山，謂「《正蒙》立言誠有過者，〈西銘〉推理以存義，擴前聖所未發，與孟子性善養氣之論同功，豈墨氏之比？〈西銘〉明理一而分殊，墨氏則二本而無分。老幼及人，理一也。愛無差等，本二也」。伊川以理一說〈西銘〉，非橫渠本旨。〈西銘〉立論本原在於《正蒙》，〈西銘〉亦《正蒙》中之一節，《正蒙》只言氣一，不言理一也。氣一則萬物總為一體，從此流出，不得再有分殊。明道曾云：「〈訂頑〉一篇，意極完備，乃仁之體也。學者其體此意，令有諸己，其地位已高，到此地步，自別有見處，不可窮高極遠，恐於道無補也。」蓋二程只取〈西銘〉境界，以自附於其理一之見，若橫渠《正蒙》氣一之說，則正二程所謂窮高極遠，於道無補也。若言分殊，〈西銘〉既曰民吾同胞，其間更不見有分。故曰「尊高年，所以長其長。慈孤弱，所以幼其幼」。則凡世之高年，皆我之長，皆當尊。凡世之孤弱，皆我之幼，皆當慈。與孟子老吾老以及人之老幼吾幼以及人之幼自不同。孟子乃推此心以及四海，橫渠則先立萬物總為一體之大前提，何煩再推擴此心乎？故橫渠只主大其心，以實體此總全之體，豈嘗主張有差等之愛乎？尹和靖曰：「人本與天地一般大，只為人自小了，若能自處以天地之心為心，便與天地同體，〈西銘〉備載此意。」明道嘗言：「天地之常，以其心普萬物而無心。聖人之常，以其情順萬事而無情。」此處乃理一論者與氣一論者之相合點，亦其相歧點也。故二程取〈西銘〉，議《正蒙》，以〈西銘〉尚有與二程合頭處，《正蒙》則歧而遠矣。後人欲考各家學術思想之本真，則斷當以《正蒙》闡〈西銘〉，不當以二程意見闡〈西銘〉也。朱子謂「〈西銘〉要句句見理一而分殊」，此成二程之〈西銘〉，非橫渠之〈西銘〉矣。橫渠性氣，實有許多近似墨子處。學者若以老莊理論，墨翟精神，會合相通，以讀橫渠之《正蒙》，則必窈然有深解矣。橫渠力闢老，而其言多取之老。又極闢佛，而其義亦多取之佛。如云「天地之塞吾其體」，此即佛法身也。「天地之帥吾其性」，此即佛性也。此非橫渠有意竊取老佛為說，乃由其入之已深，故能闢之得其要竅，而不自知其染涉之已甚淪浹，而不可洗浣也。

二程學術述評

二程是第二期宋學中較後輩的中心人物。正統理學，直要到二程才完成。二程早年，曾從遊於周濂溪，受到極大啟發。但此後講學，頗與濂溪有異處。邵康節是二程居洛陽時極親熟的朋友，但兩家學術路徑不同。康節象數之學，二程頗不愛講。橫渠與二程有戚誼，二程思想亦極有受橫渠影響處，但大體上對橫渠，亦多未滿。前期學者如荊公溫公，皆曾與二程交游。二程居洛陽，乃當時人物薈萃之區，濡染取用，既富既博。兄弟切磋，一溫粹，一嚴毅，相得益彰。伊川又享高年。二程於政治上皆未顯達，然亦無隱士氣。畢生宏揚教育，亦復注意政治問題，四方學者輻集，確然成為北宋理學之大成與正統。

若論宇宙本體萬物原始，形而上學方面，二程似無積極貢獻，大體思路，不出濂溪百源橫渠三家之範圍。二程卓絕處，在其討論人生修養工夫。若以周邵張三家擬之佛教大乘空有二宗，則二程乃台賢禪諸家也。若以二程比之荊公，則荊公雖論性道而更重實際政事。二程鑒於熙寧新法之流弊，故論學一以性道為先，而政事置為後圖，若非所急焉。

橫渠問明道，定性未能不動，猶累於外物，何如？明道因作書答之，所謂〈定性書〉是也。其言曰：

所謂定者，動亦定，靜亦定。無將迎，無內外。苟以外物為外，牽己而從之，是以己性為有內外也。既以內外為二本，又烏可遽語定哉。夫天地之常，以其心普萬物而無心。聖人之常，以其情順萬物而無情。故君子之學，莫若廓然而大公，物來而順應。人之情，各有所蔽，大率患在於自私而用智。自私則不能以有為為應迹，用智則不能以明覺為自然。今以惡外物之心，而求照無物之地，是反鑑而索照也。與其非外而是內，不若內外之兩忘。兩忘，則澄然無事矣。聖人之喜，以物之當喜。聖人之怒，以物之當怒。是聖人之喜怒，不繫於心而繫於物也。是則聖人豈不應於物哉，烏得以從外者為非，而更求在內者為是也。夫人之情，易發而難制者惟怒，若能於怒時遽忘其怒，而觀理之是非，亦可見外誘之不足惡，而於道亦思過半矣。

明道此書，作於早年在鄠縣作簿時。伊川作〈明道行狀〉，謂：「先生為學，自十五六歲時，聞周茂叔論道，遂厭科舉之業，慨然有求道之志。又泛濫於諸家，出入於釋老者幾十年，返求之六經而後得之。」明道初成進士作簿鄠縣，年二十六，則正所謂反求六經始自有得之時也。上蔡記明道語：「某學雖有所受，天理二字卻是某拈出來。」朱子改云：「天理二字是某體貼出來。」今按：〈定性書〉所云，大體即周茂叔主靜立人極之義，其所描繪之心理境界，即濂溪所謂明通公溥也。而書中已言及理字。濂溪以無欲釋靜，無欲只是反面消極字，明道始以理字補出其正面，至是而天理人欲對立之局面漸以成立。大抵明道此書，亦頗采釋老成說。其云：天地以其心普萬物而無心，似即佛義。又云：聖人以其情順萬物而無情，聖人之喜怒，以物之當喜當怒，如是則此性澄然常定，此亦似佛氏涅槃境界矣。若中國古代儒家所謂性，乃指其有情感有動向者而言。如愛敬，如惻隱羞惡，此皆人之性，亦即人之情也。有此情，此心便有動向，豈可謂我愛以物之當愛，我羞惡以物之當羞惡，此皆物理，而無我之情感生命預其間乎。此後宋儒又嫌物理二字稍似偏外，故不常用，而喜用天理字，其實捨卻物理，又何處尋天理。故窮理必由格物，如邵康節主客觀的研窮物理，本無不可，然不應偏倒一邊，只認有物理，不認有人性，但明道實並不是此意。明道之意，只認我之喜怒哀樂，即繫乎物之當喜當怒當哀當樂，此即合內外之道，亦即是性即理，即定性也。若在所當喜怒哀樂之外，又加進分數，是即情而流乎欲矣，此則明道之意也。

明道此後頗不常言靜字無欲字，而時時言仁言敬。其意蓋把仁字替代無欲，敬字替代靜，其大旨見於其所為〈識仁篇〉。大略云：

學者須先識仁。仁者渾然與物同體，義禮智信皆仁也。識得此理，以誠敬存之而已。不須防檢，不須窮索。若心懈則有防，心苟不懈，何防之有。理有未得，故須窮索，存久自明，安待窮索。此道與物無對，須反身而誠，乃為大樂。〈訂頑〉（即〈西銘〉）意思乃備言此體，以此意存之，更有何事。必有事焉而勿正，心勿忘而勿助長，未嘗致纖毫之力，此其存之之道。以昔日習心未除，卻須存習此心，久則可奪舊習。

此文似較〈定性書〉陳義更圓密周到。因明道此文乃實指心體言。心體不分物我，不分內外，只是物我內外渾然同體。如是則〈定性書〉所謂物之當喜當怒，不如徑云理之當喜當怒。此理，內不屬於我，外不屬於物，乃物我相交時心體之自然。即此便是仁。仁即是心體，亦即是天理。換言之，心體便是仁，便是理。心體我之自有，故只須識之存之，此外別無工夫也。

明道他處又云：

學者識得仁體，實有之己，只當義理栽培。

仁體實有之己，即是義禮智信皆實有之己，即是喜怒哀樂皆實有之己，如此說下，便成心即理。則窮理只要存心，故〈識仁篇〉必有事焉而下皆言存心工夫。甚至失理者乃屬習心，今則以存心奪此習心，別無餘事也。

〈識仁篇〉以誠敬二字說存心工夫，其實誠敬是心體，便是心之原來體段，與正常狀態，此處工夫本體合一非二，故工夫即已是自然，不煩用力。惟依字面看，誠字偏於體段方面者多，敬字偏於工夫方面者多。故程門言存心工夫，尤多用敬字。明道云：

某寫字時甚敬，非是要字好，即此是學。

此處說敬字體段最明白。若寫字時分心外馳，別有思存，此即不敬。但若有心要字好，此亦不是一心在寫字上，依然是分心外馳，同樣是不敬。寫字時分心外馳，別有思存，此即孟子所謂忘。寫字時有心要字好，此即孟子所謂助長。勿忘勿助長，即是敬的體段。其實不必遠引孟子，禪宗永嘉大師言惺惺寂寂，正亦相似。寫字時甚敬，便是惺惺。非是要字好，便是寂寂。永嘉說：惺惺為正，寂寂為助，所以後來程門謝上蔡言敬，亦只說常惺惺也。

明道又說：「人心不得有所繫。」又說：「心要在腔子裏。」此兩語，可以補足上義。寫字時甚敬，此心只在寫字上，別無所繫，便是心在腔子裏。心在腔子裏，正指其不外馳，不有所繫也。明道又云：

敬須和樂，只是中心沒事也。

朱子亦云：「心中若無一事時便是敬。」此語又須活看。如寫字時一心在寫字上，便已是中心沒事，卻不是忘了寫字而云心中沒事。猶之云心在腔子裏，並不是教人放棄外面一切事，而單單照顧那腔子裏的心。但此等話卻常易起誤會，不如說敬字，使人較有頭腦可把捉。

此後伊川把此義再加闡述，他云：

所謂敬者，主一之謂敬，所謂一者，無適之謂一。

再舉寫字來說，一心在寫字上，即主一也。不分心外馳，別有思存，又不是存心要字好，即無適也。主一無適，便是心在腔子裏，也便是心中沒事。此亦可以禪宗的工夫說之。禪宗也只要人繫心一處，使不散亂。所謂：「心者，制之一處無事不辦也。」所以明道說心中沒事，只是心不散亂，只是無適，只是主一，繫於一處，便是無所繫。濂溪《通書》曾謂：「學聖人以一為要，一者無欲，無欲則靜虛動直。」二程言主一之謂敬，把敬字來換了靜字，此是二程用心仔細處。凡云靜虛無欲，此等字面，二程皆力求避免。將仁字或理字來換無欲字，將實來換了虛，正如將敬字來換靜字一般。若論到切實下工夫處，濂溪二程，實無絕大不同。只二程語更妥帖，更周到，不使人誤入歧途耳。所謂歧途，便是釋老，因當時濂溪二程所講工夫，本與釋老甚相似也。

此處又引起一問題，即人心之有閒思雜慮是。主一無適與閒思雜慮，此是顯然的兩個境界。

呂與叔曾患思慮多，不能驅除。明道曰，此正如破屋中禦寇，四面空疏，盜固易入，無緣作得主定。又如虛器入水，若以一器實之以水置水中，水何能入。蓋中有主則實，實則外患不能入，自然無事。

此便是主一無適的實工夫。濂溪只說一，明道說主一，此主字極吃緊，大有關係。因單說一字便易近於虛，易與莊周釋氏語相混，今云主一，則工夫自實也。伊川云：

主一則虛，無主則實。必有所事。人多思慮，不能自寧，只是做他心主不定。要作得心主定，惟是止於事。如為人君止於仁之類。人不能止於事，只是攬他事，不能使物各付物。有物必有則，須是止於事。

此處伊川說主一則虛，正是明道說的主一則實。伊川說止於事，正是明道說的心中沒事。此等亦須活看。止於事者，如寫字時心止在寫字上，便是物各付物，便是心有主，便是主於一而無適。

其實〈定性書〉所討論，亦是此問題。只〈定性書〉中所解答者，沒有此處明白，沒有此處精細貼切。因〈定性書〉只拈出一理字，沒有拈出敬字，則使人晃蕩無下手處。

今再把二程此等言語，與禪宗相較，亦可說是一個虛實問題。禪宗惺惺寂寂，繫心一處，使不散亂，大體只是看重一個當下，一個現量。當下現前，剎那變滅，此心亦剎那變滅。所以繫心一處，等於無繫無著。其次則打疊一切，專繫在一念上，待得此念純熟，忽然脫掉，則仍落無住無念境界，此即是參話頭工夫也。程門所謂主一，乃把事字來換去當下字，故要在現前當下境上去主一個天理。因此主一不是專繫在一念上，只在一切念上主一個天理。一切念可以剎那剎那變滅，而一切念上的天理，則始終一片。一即一切，一切即一，主一不摒棄一切，乃有一事存在，有事便有理。豈不是一個虛實之辨？但若偏重天理，又不免使人向外尋覓，又要走散到一切上去，所以程門要提出一敬字來，使人即在當下心體上下手。但所謂主一，所謂止於事，卻不是叫你好色則專一在好色上，何以不能專一在好色上，你若不真認識自己心體，便不免又要從天理上說話。其實閒思雜慮，亦何嘗不是你心體自己要如此，但閒思雜慮終是人欲，非天理。換言之，即並非你真心體。如何認識你真心體呢？因此又轉入別一問題。

今且再從閒思雜慮的問題，再轉深一層說，便成了已發未發的問題。此問題有伊川答蘇季明一大段話，最可注意。

蘇季明問，觀於四者未發之時，靜時自有一段氣象。及至接事時，又自別，何也？曰：善觀者不如是，卻於喜怒哀樂已發之際觀之。賢且說靜時如何？曰：謂之無物則不可，然自有知覺處。曰：既有知覺，即是動也。怎生言靜？人說復其見天地之心，皆以至靜能見天地之心，非也。復之卦下面一畫便是動也。安得謂之靜。自古儒者皆言靜見天地之心，惟某言動而見天地之心。或曰：莫是於動上求靜否？曰：固是，然最難。釋氏多言定，聖人便言止。人萬物皆備，遇事時，各因其心之所重者，更互而出。纔見得這事重，便有這事出。若能物各付物，便自不出來也。或曰：先生於喜怒哀樂未發之前，下動字，下靜字，曰：謂之靜則可，然靜中須有物始得。這裏便是難處。學者莫若且先理會得敬，能敬則自知此矣。

已發未發，是宋儒極愛討論的問題。荊公濂溪，皆不免劃分已發未發作兩截看，故皆看重未發看重前一截。如此便要落到虛無境裏去，便要接近老釋。伊川在本體論上，似未能擺脫此圈套。只在用工夫上，卻主張著力在後一截。他說，動見天地之心。他說：靜中須有物始得，皆是有極大關係話。此等處，正是周程轉手處也。伊川此意，其實還是明道之意。明道曰：

敬而無失，便是喜怒哀樂未發謂之中。敬不可謂中，但敬而無失，即所以中也。

明道以敬而無失為所以中的工夫，也便是注重後一截，與伊川同意。或問伊川：

敬莫是靜否？曰，纔說靜，便入於釋氏之說也。不用靜字，只用敬字。

又曰：

敬則自虛靜，不可把虛靜喚做敬。

因說靜，易使人著想到脫略事為。說敬，則止於事，可免誤入虛靜之病。一面是脫略人事，一面則是看重人事，此為儒家與道釋之最大分別。《二程語錄》，有周茂叔窮禪客一語，今雖不能詳說，然或可從此等處推見大略。要之二程極意拈出敬字來代靜字，正自有故。

伊川對明道拈出的敬字，有發揮處，亦有補充處。大抵明道敬字只說得一個心的境界，到伊川手裏，便把他向外化了，說到儀貌上去。大體說來，猶如把未發轉到已發上來一般。工夫下手，一層切實一層，但亦由此生出流弊。伊川云：

嚴威儼恪，非持敬之道，敬須自此入。

明道曾說，敬須和樂，和樂還是內心境界。今伊川說敬須嚴威儼恪，則是外面儀貌。此一層，一面可以看出明道伊川兩人性格上之不同，一面亦是伊川說工夫更具體，更切實，但卻為敬字增出一歧途。伊川又云：

惟動容貌，整思慮，則自然生敬，敬只是主一也。一者無他，只是嚴肅整齊，則心便一。

又曰：

儼然正其衣冠，尊其瞻視，其中自有個敬處。雖曰無狀，敬自可見。

本來程門拈出敬字，只要必有事焉，只要物各付物，使人脫出靜虛境地，故曰惟動乃見天地之心。又說靜中須有物。但理論雖如此，程門實際生活，則依然仍有偏於虛靜一邊之病。不如初期宋學，纔是動與實的分數多。亦不如橫渠康節，也還是動與實的分數多。二程此等處實自近濂溪。因此初期宋學，尚少牽涉到本體論方面，而二程的大貢獻，則要將本體論與人生實務打成一片。但二程的實際生活，則不免稍偏在這一面，常常要靜著無事。今若在無事時強要作有事樣，在無物時強要認有物般，便不免要轉到正衣冠，尊瞻視，動容貌，嚴威儼恪的一面來。程門敬字之儀貌化，此實敬字一歧途。此後陸象山弟子楊慈湖頗不喜此等話。慈湖云：

主一則既不之東，又不之西，是則只是中苦也。人性自善，何必如此拘束？孔子未嘗如此教人。但曰，居處恭，執事敬耳。但曰，約之以禮耳。伊川之教，固愈於放逸者。然孔子曰：過猶不及，何則，其害道均也。

慈湖以伊川教敬為拘束，其實只是伊川立教之流弊。若從大體言，果能以必有事焉與中心和樂為敬，則不致像慈湖所反斥。

其次，程門之所謂敬，按實言之，只是一種心的狀態或境界，似乎還不是心的生命，因此亦並未接觸到心力之真源。若說敬是心體，亦只好說是心之體段或體貌，仍是心之外相，而非其內情。若以近代語譯之，敬只是一種心理上之注意集中而已。故曰廓然而大公，物來而順應，物各付物，心中沒事，此等全屬隨動順動而非主動帥動，只是隨順著外面轉移注意，卻不失一個軌範，但並沒有由內向外充沛流露的一段精力。若只偏重說注意集中，而沒顧到內心自發的要求與動向，則此種注意，會成無生命的。若如此來說敬字，則敬字豈不是成個空架子，依然還是一種靜虛之境，仍沒有內容。伊川在此處卻見到了，故他要再提出敬義夾持的話來做補救。伊川云：

敬只是涵養一事，必有事焉須當集義。只知用敬，不知集義，卻是都無事也。

又說：

涵養須用敬，進學則在致知。

伊川此一番話，在居敬以外，又添上集義致知格物窮理許多說法，這是另一邊事，如此便開了將來朱晦翁的路徑。我們且試回看明道〈識仁篇〉，彼本以仁為心體，故曰：「聖人，仁之至也，獨能體是心而已。」仁中便包義禮智信，則存養此心之仁，已不啻是集義致知，何待於存仁以外又別來一番集義致知工夫乎？明道云：

在天為命，在義為理，在人為性，主於身為心，其實一也。

又說：

只心便是天，盡之便知性，知性便知天，當處便認取，更不可外求。窮理盡性以至於命，三事一時並了，元無次序，不可將窮理作知之事。

又說：

質美者明得盡，渣滓便渾化，卻與天地同體，其次惟在莊敬持養。

可見明道將存仁窮理只作一事看。仁是活潑的，有情感，有生命的。存仁便已是窮理了，不煩再向外去窮理。向外窮理只是枝葉，有本原，自能有枝葉。故曰：

聖人千言萬語，只是欲人將已放之心約之使反復入身來，自能尋向上去。

心自能尋向上，豈不還是一個動進的，有生命有活力的？今伊川分出敬義夾持，則容易使人將窮理別作知之事看，又易使人於莊敬持養外別尋向上之道。若仍認敬是心體，則豈不心體成了靜的虛的！由此則從敬是心體又轉成敬只是工夫了。明道只為能扣緊心體立說，故涵養即是致知，工夫本體尚不分裂。伊川說話把心體忽了，專轉到事上講，便要敬義夾持，此則又是一條引而向外的歧途。上面說過，若講存主一天理，便易使人向外尋覓，其證在此。

以上是說二程對於敬字看法之轉變。現在再說程門。本來二程拈出敬字來代替濂溪之主靜立人極，正恐靜字流入釋氏，其意已詳上述。但程門高第，仍不免於敬字上流歸釋氏，此又是敬字一歧途。此層可以謝上蔡為證，上蔡云：

敬只是事至應之，不與之俱往，非敬乎？萬變而此心常存。

其實心不與事俱往，雖很像程子所謂之無適，其內裏則是禪宗之無住不著也。上蔡如此看心，似乎只看在心的輕鬆靈活處，沒有看到心之剛健篤實處。若果如上蔡此番話，則到頭只可做到禪宗的本分為人，卻不能做到孟子、王介甫之所謂大人。人心只有應的能，沒有感的力。《中庸》說，仁者必有勇，佛家亦說勇猛精進，人心自有一種向前邁進的動力，此是感的力。感是主動，應是隨動被動。只因有感的力，所以遇到阻礙，自能向前衝決而過，此是心之勇。那裏僅是事至應之而已。但宋儒言心頗忽此，因此他們常只說到無畏與不懼，卻沒有多說勇。無畏不懼，依然還是順動隨動，還是事至應之，並非主動帥動，並非自強不息。並非自有動向，自有生命，自有一種感的力量。此種意態，即於二程可證。明道說：

> 目畏尖物，此事不得放過，須與放下。室中率置尖物，須以理勝他，尖不必刺人，何畏之有。

有人眼前常見一獅子撲來，問於伊川，伊川令其見獅子即張手捉之。其人屢捉不獲，獅子亦遂不見。此兩事實同一理，而後一事尤精微。二程對心理學確有一番研究，但可惜只注意在消極方面，最多是以理自尅，還是以外制內，於內心真活力真源泉似少理會。只說是不為外物所動，卻沒有指點出此心之對外物，自有他的一番進取與活動。自有他一種感的力。上蔡云：

吾舊多恐怖，每於危階上蹈險以習之。或問色欲想已去多時，曰：伊川則不絕，某斷此二十來年矣。又問於勢利如何？曰：打透此關，十餘年矣。當初大做工夫，揀難捨底棄卻，後來漸漸輕。今日於器物之類置之，只為合要用，並無健羨底心。問公於外物一切放得下否，曰：可謂切問矣，實就上面做工夫來。

問洒掃應對上學，卻是大瑣屑，不展拓，曰：凡事不必須要高遠，且從小處看。只如將得一金與人，如將天下與人，雖大小不同，其實一也。我若有輕物底心，將天下與人，如一金與人相似。我若有吝物底心，將一金與人，如將天下與人相似。又如行於屋臺邊，心便恐懼，行平地上，心便安穩。我若去得恐懼的心，雖履千仞之險，亦只占行平地一般。只如洒掃，不著此心，怎洒掃得。應對，不著此心，怎應對得。

上引上蔡語，大體相似。此處便從必有事焉轉入萬法平等，只要此心不黏不著，無愛無懼，所謂萬變而心常存也。此等只是僅談心有應，不談心有感。僅談心有能，卻不談心有性。又曰：

敬是常惺惺法，心齋是事事放下，其理不同。

常惺惺是佛門語，心齋是道家言。其實常惺惺亦只如運水搬柴皆是神通之類，與心齋放下相距無幾。總之是隨動順動，無自內而生的活力。無勇不前，可說是心的體態，決非心的生命。豈可說心生命是一個常惺惺乎？若心無生命，試問生命更在何處？伊川所謂動處見天地之心者，豈得謂天地之動亦僅如此。亦只是一個常惺惺乎？上蔡從心體上言敬，固為不失明道宗旨，但恨認識心體不圓不實，落入禪家圈套，僅成一片平薄，其言所指，雖與伊川內外異類，而其為敬字之歧途則一也。

但此種意境，到底還自程門傳來。明道嘗云：某年十六七好田獵，既而自謂已無此好。周茂叔曰：何言之易。後十二年，暮，在田間見獵者，不覺有喜心，乃知茂叔言不誣。此條故事，可見明道初入學時頭路。可見程學入頭處，還是濂溪無欲則靜，靜虛則動直的一套。明道他日也不免總是偏倒在靜虛上，偏倒在無欲上。又謂，在澶州日，修橋，少一長梁，曾博求之民間。後因出入，見林木佳者，必起計度之心。因語以戒學者，心不可有一事。又云：昔在長安倉中坐，見長廊柱，以意數之，已尚不疑，再數之不合，不免令人一一聲言而數，乃與初數者無差。知越著心把握，越不定。此等皆見明道平日用心處。故謝上蔡錄五經語，明道呵之，謂其玩物喪志。又上蔡舉史書成誦，明道又說賢卻記得許多。明道自謂再見茂叔後，吟風弄月，有吾與點也之意。又謂：

學者今日無可添，只有可減，減盡便沒事。

又曰：

人心常要活，則周流無窮，而不滯於一隅。

此皆明道著精神語。只由此等處看入，便可見上蔡確還是程門真傳。濂溪主靜無欲一脈，仍留在程門血脈裏，並未消煞也。

伊川在此等處，其態度頗與明道異。伊川嘗曰：

孟子曰，養心莫善於寡欲，此一句淺近，不如義理之悅我心，猶芻豢之悅我口，最親切有滋味。

此一分辨極重要，便是一虛實之辨也。故伊川常教人在知見處用功，嘗云：

人只是要一個知見難。人既能知見，豈有不能行。

又曰：

學者須是真知。纔知得，便自泰然行將去也。

所謂真知者，伊川云，向親見一人曾為虎所傷，因言及虎，神色便變。旁有數人，見他說虎，非不知虎之可畏，然不如他說了有畏懼之色。蓋真知虎者也。或問學何以有至覺悟處，曰莫先致知。伊川言致知時倍有精采。嘗曰：學者先要會疑。又曰：人思如泉湧，汲之愈新。若於一事上思未得，且別換一事思之，不可專守著這一事。從此便說到格物上。伊川曰：

今日格一件，明日格一件，積習既久，然後脫然有貫通處。

又曰：

自一身之中，至萬物之理，但理會得多，相次自然豁然有覺處。

今若從此等處分辨，則明道走了為道日損的路，而伊川走了為學日益的路。兩人異學，其關鍵在於對心性看法之不同。明道認仁為心體，由此推衍，便成心即理說。伊川則謂：

仁，理也。人，物也。以仁合在人身言之，乃是人之道也。（《外書》六）

如此則仁字不在人身上，故要合在人身乃成人之道。伊川又說：

仁只是一個公字。（《遺書》二十二）

仁道難名，惟公近之。（《遺書》三）

明道云，仁者渾然與物同體，此只指心言。今云仁只是公，則涵義又別。公可指公心，亦可指公理。公理便偏在外，不是人心之自然體段與自然狀態矣。總之伊川處處要著實，故處處不免要引之向外，此乃二程與濂溪分歧處，亦是伊川與明道分歧處也。然則亦可謂明道多主無內外，而伊川便要分內外。

伊川又云：

性中只有仁義禮智四者，幾曾有孝弟來。（《遺書》十八）

伊川認性中有仁，卻不認性中有孝弟，此說更可注意。只因孝弟確然是人心，而伊川卻把性字理字都要從人心引而外之，如此則仁字自然亦不在人心了。於是仁與孝弟亦確然有分別了。我們由此著眼，乃可說到伊川性即理的說法。伊川云：

性即理也。天下之理，原其所自，未有不善。喜怒哀樂之未發，何嘗不善。發而中節，則無往而不善。發不中節，然後為不善。

此一節，當與前引答蘇季明一大段語合看，可見伊川在實下工夫處，雖極力想避免濂溪虛靜一路，但在討論心性本體上，則依然超不出有前後之兩截。大體伊川認性為未發，故說性中只有仁義禮智，沒有孝弟。因伊川認仁義禮智只是理，理可屬先天，孝弟則是人情與行事，皆應屬後天。後天只屬氣，不屬理。故說性即理，乃專指天地之性言。伊川此等意見，大體沿襲濂溪橫渠。我們若細籀明道平日言論，其實亦復如是。但明道緊握住仁是心體一語，故不如伊川般牽引向外。分了內外，便分先後。此下朱陸異同，即由此處分歧。

現在連帶說到變化氣質，此語始於橫渠。橫渠《理窟》有〈氣質篇〉，謂：

變化氣質，但拂去舊日所為，便動作皆中理，則氣質自然全好。

明道亦云：

人語言緊急，莫是氣不定否？曰：此亦當習。習到自然緩時，便是氣質變也。學至氣質變，方是有功。

伊川云：

> 氣須是養，集義所生，積習既久，方能生浩然氣象。

根據上引諸條，可見張程言氣質雖屬形而後者，但變化氣質則只在習上用功。究竟宋儒意見，並不如佛家般要厭棄此氣質。變化氣質，用今語質言之，只是把一種新習來改舊習。舊習者，人生一墮形氣，後天已發，種種皆是習，亦種種皆是舊。新習則要人由此反之於先天之理性，此乃所謂未發以前氣象也。要走向新習，必先認識此先天理性之體段，必先認識此未發以前之氣象。橫渠主由禮教，禮教只是外在的，故近荀子。濂溪主由虛靜，虛靜則是空洞的，故近莊周。若謂靜虛則自動直，仍與孟子相似，則當知莊周孟子本可相通。只是莊周站的是靜一邊，孟子站的是動一邊。明道主由存養此心，只言存養，不言推擴，故只近孟子之一偏。明道蓋是孟子莊周之合流。伊川主由致知窮理，又言集義，則是近孟子之又一偏，亦可謂是孟子荀卿之合流。若以偏輕偏重論，則濂溪明道近莊，橫渠伊川近荀。但他們所推敬，則完全在孟子。

朱子心學略

程朱主性即理，陸王主心即理，學者遂稱程朱為理學，陸王為心學，此特大較言之爾。朱子未嘗外心言理，亦未嘗外心言性，其《文集》、《語類》，言心者極多，並極精邃，有極近陸王者，有可以矯陸王之偏失者。不通朱子之心學，則無以明朱學之大全，亦無以見朱陸異同之真際。本篇姑拈數十則，稍發其趣，未能備也。

朱子未嘗外心言性，亦未嘗外心言理，觀下引諸條可證。曰：

原此理之所自，雖極微妙，然其實是人心中許多合當做底道理而已。但推其本則見其出於人心而非人力所能為，故曰天命。雖萬事萬化皆由此中流出，而實無形象可指，故曰無極。

（〈答廖子晦〉）

又曰：

以天命之謂性觀之，則命是性，天是心。心有主宰之義，然不可無分別，不可太說開成兩箇。當熟玩而默識其主宰之意可也。

此朱子不外心言理，不外心言性之證也。其明言心即理處尚多。如曰：

心與理，不是理在前面為一物，理便在心之中。

此心虛明，萬理具足，外面理會得者，即裏面本來有底。

然朱子所謂心即理，亦有一限度。曰：

仁者心便是理，看有甚事來，便有道理應他。

可見未到仁者地位，即不得漫言心即理。又曰：

大凡道理皆是我自有之物，非從外得。所謂知者，便只是知得我底道理，非是以我之知去知彼道理也。道理固本有，用知方發得出來，若無知，道理何從見。

可見未到知者地位，亦不得漫言心即理。《論語》言仁且知既聖矣。象山謂東海有聖人，西海有聖人，千萬世之前之後有聖人，此心同，此理同。亦必特舉聖人言之。苟不到聖人地位，亦不得漫言心即理。就此一點，是朱陸大同處。故曰：

人心萬理具備，若能存得，便是聖賢，更有何事。（〈答項平父〉）

又曰：

自古聖賢，皆以心地為本，聖賢千言萬語，只要人不失其本心。

此可謂即象山之先立乎其大者。又曰：

凡學先要明得一箇心，然後方可學。譬如燒火相似，先吹發了火，然後加薪，則火明矣。若先加薪而後吹火，則火滅矣。某這裏須是事事從心上理會起。

象山謂今之論學者，只務添人底，自家只是減他底。陽明亦有以衣食投波濤中是適重其溺之喻，皆與此條義旨相似。又曰：

學者常用提省此心，使如日之升，則群邪自息。他本自光明廣大，自家只著些子力去提省照管他便了，不要苦著力，著力則反不是。

又曰：

人只要存得這些在這裏，則事君必會忠，事親必會孝，見孺子則怵惕之心便發，見穿窬之類則羞惡之心便發，合恭敬處自然會恭敬，合辭遜處自然會辭遜。

又曰：

施之君臣則君臣義，施之父子則父子親，施之兄弟則兄弟和，施之夫婦則夫婦別。都只由這箇心。如今最要先理會此心。

此即象山當惻隱即惻隱，當羞惡即羞惡，陽明見父自然知孝，見兄自然知弟。如日之升，群邪自息，即猶陽明紅鑪點雪之喻也。

上引皆就心與理言，下引其言心與性者。曰：

人多說性方說心，看來當先說心。……今先說一箇心，便教人識得箇情性底總腦。教人知得箇道理存著處。

又曰：

《中庸》說，天命之謂性，即此心也。率性之謂道，亦此心也。修道之謂教，亦此心也。以至於致中和，贊化育，亦只此心也。

此等處皆絕似陸王。又曰：

人只是此心，以至千載之前，千載之後，與天地相為終始，只此一心。

試問主張心學者下語，亦復何能異？然朱陸畢竟不同，試先舉朱子議象山者如次。朱子曰：

陸子靜楊敬仲有為己工夫，若肯窮理，當甚有可觀，惜其不改。

又曰：

陸子壽兄弟氣象甚好，其病卻是盡廢講學而專務踐履，卻於踐履之中要人提撕省察，悟得

本心，此為病之大者。……惜其自信太過，規模窄狹，不復取人之善，將流於異學而不自知耳。（〈答張敬夫〉）

可見朱子斥陸學，最要在其盡廢講學，不肯窮理。換言之，則是只主尊德性而忽了道問學。故曰：

子思說尊德性，又卻說道問學。……如今所說，卻只偏在尊德性上去，無道問學底許多工夫，恐只是佔便宜自了之學。出門動步便有礙，做一事不得。時變日新而無窮，安知他日之事，非吾輩之責乎？若只自了，便待工夫做得一十分，到終不足以應變。到那時，卻怕人說道不能應變，也牽強去應，應得便只成杜撰，便只是人欲。

應變須有學問，非現成可期，又曰：

這道理無所不該，無所不在。……若只守箇些子，捉定在那裏，把許多都做閑事，便都無事了。如此只理會得門內事，門外事便了不得。所以聖人教人要博學。（二字力說）

又曰：

人如何不博學得？若不博學，說道修身行己，也猛撞，做不得。……氣質純底，將來只成一箇無見識底獃人。若是意思高廣底，將來過不下，便都顛了。

象山說，雖不識一箇字，亦還得堂堂地做箇人。陽明說，只要成色純，一錢也是黃金。但朱子說，氣質純者不免為無見識底獃人，意思高廣便都顛了。這裏是朱陸兩家分手處。孔子曰：十室之邑，必有忠信如丘者焉，不如丘之好學也。象山陽明注意及此，則不對朱子有深斥。故曰：

古人之學，所貴於存心者，蓋將推此以窮天下之理。今之所謂識心者，乃將恃此而外天下之理。是以古人知益崇而禮益卑，今人則議愈高而其狂妄恣睢也愈甚。〈答方賓王〉

工夫用在識心上，不用在存心以識理上，此心學與理學之所歧。又曰：

若只收此心，更無動用生意，又濟得什麼。所以明道又云：自能尋向上去，這是已得此心方可做去，不是道只塊然守得這心便了。

收此心了仍得用，非塊然守此心。守此心是尊德性，用此心是道問學。又曰：

心要活，活是生活之活，對著死字，活是天理，死是人欲。

塊然守這心，照朱子意，便是死了，便是人欲。朱子卻要繼此下博學工夫。於是遂生出內外動靜之辨，此為朱子論心學精采處，前云可以矯正陸王之偏失者，如此類是也。朱子謂：

人心知此義理，行之得宜，固是內發。人性質有不同，或有魯鈍，一時見未到，得別人說出來，反之於心，見得為是而行之，是亦內也。人心所見不同，聖人方見得盡。今陸氏只要渠心裏見得底方謂之內，若別人說底，一句也不是。纔自別人說出，便指為義外，如此乃是告子之說。……豈可一一須待自我心而出，方謂之內。所以指文義而求之者皆不為內，自家纔見得如此。便一向執著，將聖賢言語便亦不信，更不去講貫。只是我底是，其病痛只在此。只是專主生知安行，而學知以下一切皆廢。

此條駁象山最有力。既主心同理同，則聖人之心即是我心，聖賢底心，都寄託在書本上，讀書窮理，不得謂是支離。孟子曰：堯舜性之，湯武反之，此即別人說出來，反之於心，見得為是亦是內。不識一字，總不如好古敏求。故曰：

簡策之言，皆古先聖賢所以加惠後學，垂教無窮，所謂先得我心之同然者。……凡我心之所得，必以考之聖賢之書，脫有一字不同，更精思明辨，以益求至當之歸。（〈答吳晦叔〉）

如是則踐履講學，仍是一以貫之，不必多一分別。朱子又曰：

今人因孟子之言而識義之在內者，然又不知心之慊與不慊，亦必有待講學省察而後能察其精微者。故於學聚問辨之所得，皆以為外，而以為非義之所在，一切棄置不為，此與告子之言。雖若小異，實則百步五十步之間耳。

此條亦駁象山。惟其分別內外太迫促，故規模窄狹，不復取人之善。辨內外復可分兩義。一則分人我，一則分身心。大抵人多認我為內，人為外，此層上引朱子語已辨之。又多認心為內，身為外，朱子亦加辨斥。故曰：

根本枝葉，本是一貫，身心內外，原無間隔。（〈答何叔京〉）

又曰：

大抵身心內外，初無間隔。所謂心者固在於內，而視聽言動語默出處之見於外者，亦即此心之用而未嘗離也。今於其空虛不用之處則操而存之，於其流行運用之實，則棄而不省。此於心之全體，雖得其半而失其半矣。然其所得之半，又必待有所安排布置，然後能存。

故存則有揠苗助長之患，否則有舍而不芸之失。是其所得之半，又將不足以自存而失之。孰若一主於敬，而此心卓然，內外動靜之間，無一毫之隙，一息之停哉？（〈答楊子直〉）

又曰：

人能制其外，則可以養其中。固是內是本，外是末，但偏說存於中，不說制於外，則無下手腳處，此心便不實。

此兩條發明身心內外相通，與前兩條辨人我內外相通者並看，皆陳義諦當，圓宏無病。從前兩條有朱子之窮理論，從後兩條有朱子之居敬論。居敬窮理，為朱學兩大柱，象山頗不喜朱子言敬，此層下面再說。陽明力辨朱子之窮理論，茲舉兩條如下：

或人問陽明，凡學者纔曉得做工夫，便要識認聖人氣象，把做準的。陽明云：聖人氣象，自是聖人的，我從何處識認，若不就自己良知上真切體認，如以無星之稱而權輕重，未開之鏡而照妍媸，真所謂以小人之腹而度君子之心，聖人氣象何由認得。自己良知原與聖人一般。若體認得自己良知明白，即聖人氣象，不在聖人而在我矣。

陽明此條，前一段極是，無星之稱不能權輕重，未開之鏡不能照姸媸，故朱子亦主居敬涵養要求得一端緒以為窮理地步。此層後詳。後一段則大可議，必牢守自心平地直達聖人境界，不肯把聖人來做準的，此即朱子所謂規模窄狹，不復取人之善也。是只有性之，無反之也。陽明又力辨朱子即物窮理之說。即物窮理與把聖人做準的又不同。把聖人做準的，便是取人之善，是反之。即物窮理，則就自己本身做明善工夫。孔子言仁又言知。又曰知及之，仁守之，是知亦在仁前。陽明之言曰：

> 朱子所謂格物云者，在即物而窮其理。即物窮理，是就事事物物上求其所謂定理者也。是以吾心而求理於事事物物之中，析心與理而為二矣。夫求理於事事物物，如求孝之理於其親之謂也。求孝之理於其親，則孝之理其果在於吾之心邪，抑果在於親之身邪？假而果在於親之身，則親沒之後，吾心遂無孝之理歟？見孺子之入井，必有惻隱之理，是惻隱之理果在於孺子之身歟？抑在於吾心之良知歟？其或不可以從之於井歟？其或可以手而援之歟？是皆所為理也，是果在於孺子之身歟？抑果出於吾心之良知歟？以是例之，萬事萬物之理，莫不皆然，是可以知析心與理為二之非矣。（〈答顧東橋〉）

陽明此條，力辨析心與理為二之非，其義甚是，然細味亦有語病。孝之理固在於吾之心，亦不可謂非存於親之身。誠使天地間無父母，則人心那復有孝？誠使天地間無孺子入井以及類此之事，人心那復有惻隱？故孝之理，惻隱之心，仍是合內外而始有。至朱子言格物致知，實亦未嘗析心與理而二之也。且孔子亦常析仁與知而言之。若以仁在內，則所知固在外也。朱子曰：

義理，人心之固有。苟得其養，而無物欲之昏，則自然發見明著，不待別求。格物致知，亦因其明而明之爾。今乃謂不先察識端倪，則涵養箇甚底，不亦太急迫乎？（〈答林擇之〉）

此處重要分辨，仍將心與理二字放寬看始得。若一向牽向外，固不是。若立意要拉向內，是亦一偏之見也。朱子又曰：

未發時著理義不得，纔知有理有義，便是已發。當此時，有理義之原，未有理義條件。（〈再論湖南問答〉）

孝之理，惻隱之心，即所謂理義條件，條件猶今稱項目。理一分殊，種種項目，必接外物而始有。即物窮理，即窮此理之條件項目耳。除卻一應條件項目，何處去認此渾全底理。故曰：

此心因物方感得出來，如何強要尋討出此心常存在這裏。

此等處，仍是一內外之辨。湛甘泉謂陽明認良知為有外，而主就事事物物上體認天理。此亦有見於引心向內之失而來。此後王學末流，過分重視良知，以謂萬理全具，遂欲盡屏外物而一意從事於我心，而弊害不勝言矣。

上述內外之辨，其實已牽連到動靜之辨。凡認我為內，人為外，心為內，身為外者，流弊所極，必至喜靜厭動，忽略了外面一切人事。朱子於此層，早已看到，故主內外並無間隔，又說動靜並無高下。其言曰：

> 人之身心，動靜二字循環反復，無時不然。……隨動隨靜，無處不是用力處。欲舍動求靜，無此理。（〈答吳伯豐〉）

又曰：

> 動了又靜，靜了又動，動靜只管相生，如循環無端。若要一於動，靜不得，如目豈能不瞬？又豈能常瞬？

或問隨說存養，即是動了。朱子曰：

此恐不然。人之一心本自光明，不是死物。所謂存養，非有安排造作，只是不動著他。即此知覺炯然不昧，但無喜怒哀樂之偏，思慮云為之擾耳。當此之時，何嘗不靜，不可必待其冥然都無知覺，然後謂之靜也。(〈答孫敬甫〉)

朱子此等處，辨內外，辨動靜，皆極寬平。知覺存養皆是靜，不必冥然罔覺始算靜。而且靜了必須動，也不能死守在靜上。朱子師李延平，為默坐澄心之學，朱子亦非之，曰：

只為李先生不出仕，做得此工夫。若是仕官，須出來理會事。

可見朱子並不贊成此種工夫，所謂只理會得門內事，占便宜，自了也。但朱子也並不全反對此種工夫。故曰：

譬如人治生，也須先理會箇屋子，安著身己，方始如何經營，如何積累，漸漸須做成家計。若先未有安著身己處，雖然經營，畢竟不濟事。為學者不先存此心，雖說要去理會，東東西西，都自無安著處。孟子所以云收放心，亦不是說只收放心便了，收放心，且收斂得箇根基，方可以做工夫。若但知收放心，不做工夫，則如近日江西所說，則是守個死物事。

又曰：

孟子曰：學問之道無他，求其放心而已。豈是此事之外更無他事，只是此本不立，卻無可下手處。此本既立，則自然尋得路徑進進不已耳。（〈答鄭子上〉）

有本亦必有末，有源亦必有流。截去末流固不是，失卻本源亦不是。惟其不明得此理，乃有鑿空去格物之病。朱子曰：

今日學者所謂格物，卻無箇端緒，只是尋物去格。如宣王因見牛發不忍之心，此蓋端緒也。……凡人各有箇見識，不可謂他全不知。如孩提之童，知愛其親，長知敬其兄，以至善惡是非之際，亦甚分曉。……須是因此端緒而窮格之。未見端倪發見之時，且得恭敬涵養。有箇端倪發見，直是窮格去。亦不是鑿空尋事物去格也。

看此一節，始是本末源流兼顧了。陽明格庭前竹子，只是鑿空尋事物去格，非朱子所許。朱子雖說即凡天下之物而格，卻要因其已知之理而益窮之。便是此處所謂因此端緒。居敬涵養，便是要替即物窮理發見一端緒。故曰：

涵養於未發之先，窮格於已發見之後。

又曰：

天下之理，逼塞滿前。耳聞目見，無非物也。若之何而窮之，須當察之於心。使此心之理既明，然後於物之所在，從而察之，則不至於汎濫矣。

則朱子於即物窮理之前，固該有一番預備工夫。故曰：

疑古人先從小學中涵養成就，所以《大學》之道，只從格物做起。今人從前無此工夫，但見《大學》以格物為先，便欲只以思慮知識求之，更不於操存處用力，縱使窺測得十分，亦無實地可據。（〈答林擇之〉）

此條當與前引〈答林擇之〉義理人心之固有一條合看，朱子之意，始見明白。又曰：

從初不曾存養，便欲隨事察識，竊恐浩浩茫茫，無下手處，而毫釐之差，千里之謬，將有不可勝言者。（〈答張欽夫〉）

如此則象山所謂先立乎其大者，朱子固未嘗忽略。陸王心學所加非議於朱子者，朱子實早已見到。故曰：

因良心發見之微，猛省提撕，使心不昧，則是做工夫底本領。本領既立，自然下學而上達矣。若不察良心發見處，即渺渺茫茫，恐無下手處也。（〈答何叔京〉）

但此層亦並不能死殺看。窮格物理，一樣能幫助涵養，一樣能收放心，使此心開明，所以說內外無間，動靜無端。此層最吃緊，俟後再詳。在此所擬交代者，朱子只把收放心看做學問底開頭工夫，不認收放心是學問底收梢工夫。從此上朱子便和象山歧異。故曰：

撫學有首無尾。

又曰：

陸子靜大要說當下便是。

又曰：

陸子靜之學，只管說一箇心本來是好底物事，上面著不得一箇字。只是人被私欲遮了，若識得一箇心了，萬法流出，更都無許多事。

又曰：

看子靜書，……只我胸中流出底是天理，全不著得些工夫。

從此便要說到朱子對心學底另一番貢獻，即朱子對心體呈現之說之非難是也。大抵陸王心學總喜歡說心體，朱子卻不喜說心體，此乃朱子最高明處。故曰：

只存此心，便是不放。不是將已縱出了底依舊收將轉來。舊底已是過去了，這裏自然生出來。

這一條描寫心態極深微。心只如流水般，永永向前，刻刻翻新，並不先有一心體，放出去了又得收回來。故曰：

如渾水自流過去了，如何會收得轉，後自是新底水。

又曰：

求其放心，亦只是說日用之間，收斂整齊，不使心念向外走作，庶幾其中許多合做底道理，漸次分明，可以體察。亦非捉取此物藏在胸中，然後分別一心出外以應事接物也。（〈答廖子晦〉）

此處云並非捉取此物藏胸中，上引一條云不是將縱出了底依舊收轉來，總之是在指說心態。心只是一活的刻刻向前的東西，並沒有如一般想像底一箇心體完整地存在。故曰：

心固不可不識，然靜而有以存之，動而有以察之，則其體用亦昭然矣。近世之言識心者則異於是。蓋其靜也，初無持養之功。其動也，又無體驗之實。但於流行發見處認得頃刻間正當意思，便以為本心之妙不過如是，擎夯作弄，做天來大事看，不知此只是心之用耳。此事一過，此用便息。豈有只據此頃刻間意思，便能使天下事事物物無不各得其當之理。所以為其學者，於其工夫到處，亦或小有效驗，然亦不離此處。而其輕肆狂妄，不顧義理之弊，已有不可勝言者。此真不可以不戒。（〈答方賓王〉）

此一節話，剖劃入微，對於心體呈現之說，可謂犁庭搗穴，摧陷而擴清矣。人心只如一股活水，永永向前流，豈能捉取一段，認為是本體，卻想從此本體發出一切大用來。因此朱子又力辨當時頓悟之說。曰：

今有一種學者，愛說某自某月某日，有一箇悟處。及問他如何地悟，又卻不說。……只是截自甚月甚日為始，已前都不是，已後都是，則無此理。人心存亡之決，只在一息間。此心常存則皆是，此心才亡便不是。聖賢教人，只據眼前，便著實做將去。……學者初做時，固不能無間斷，做來做去，做到徹時，自然純熟，自然光明。一刻有一刻工夫，一時有一時工夫，一日有一日工夫。豈有截自某日為始，前段都不是，後段都是底道理。

此因言頓悟，亦猶言心體呈現，都謂人心自有一本體，可以用工夫瞥見。瞥見了此體，便如把柄在手，縱橫運用，無不如志。朱子既不喜心體呈現之說，自該連帶斥及頓悟。於是又有本原源頭之說，亦為朱子所斥。其言曰：

如吾友所說，從原頭來，卻要先見箇天理在前面，方去做，此正是病處。是先有所立卓爾，然後博文約禮也。若把這天理不放下，相似把一箇空底物，放這邊也無頓處，那邊也無頓處，放這邊也恐攧破，放那邊也恐攧破。這天理說得蕩漾，似一塊水銀，滾來滾去，捉那

不著。又如水不沿流泝源，合下便要尋其源，鑿來鑿去，終是鑿不得。（〈答廖子晦〉）

又曰：

道不是有箇物事閃閃爍爍在那裏。（同上）

此處所謂天理，所謂道，也如所謂心體，皆即朱子所謂閃閃爍爍在那裏，可以為人一眼瞥見者。此一觀念，禪宗時代最為盛行，此乃當時宗教經驗中之一種境界，其詳非本篇所能述。後儒不免承襲此見，欲將禪宗要求清淨擺脫的一種宗教經驗應用於人世間一切事事物物之對付，則宜有所扞格而難通矣。亦有時轉稱此種境界為未發之中，未發之中還是指心體，也即是指天理，指道也。朱子亦不認可此說。故曰：

蓋其病根，正在欲於未發之前求見於所謂中者而執之。是以屢言之而病愈甚。（《中庸或問》）

又曰：

且一有求之之心，則是便為已發，固已不得而見之，況又從而執之，則其為偏倚亦甚矣。又何中之可得乎？且未發已發，日用之間，固有自然之機，不假人力。方其未發，本自寂然，固無所事於執。及其已發，則又當即事即物，隨感而應，亦安得塊然不動而執此未發之中耶？

朱子意，已發未發，內外動靜，本是一貫。人心是一件活東西，如流水般，不能硬捉某一時刻的心態作為本體，把來應付一切。其斥象山為禪學，重要便在此處。故曰：

操存只是教你收斂，教那心莫胡思亂想，幾曾捉定有一箇物事在裏。

又曰：

不是塊然守定這物事，在一室關門獨坐，便可以為聖賢。自古無不曉事底聖賢，亦無不通變底聖賢，亦無關門獨坐底聖賢。聖賢無所不通，無所不能，那箇事理會不得，所以聖賢教人要博學。

朱子並不是不主張將此心操存收斂，只是操存收斂了好將來理會事，博學。並不是操存收斂了便可不理會事，不須博學，而自能泛應曲當。或人問欲求大本以總括天下萬事，曰：

江西便有這箇議論，須是窮得理多，然後有貫通處。

朱子只不認有這樣一箇心體，可以為人一眼瞥見，把來在凡事凡物上應用。因此也不認有這樣一箇大本大原，可以總括天下萬事。總之朱子不認有那樣一條簡捷的路，一走上便可行所無事。因此朱子又不信有病根之說。病根也如言本體。本體一到手，萬事順心。病根一袪除，也可同樣不再有問題。或言常陷於粗率，無精密之功，不知病根何在？朱子曰：

> 要討甚病根。但知到粗率，便是病在這上，便更加仔細便了。今學者亦多來求病根，某向他說，頭痛灸頭，脚痛灸脚。病在這上，只治這上便了，更別討甚病根也。

朱子不喜說病根，又不喜說本原，總之是不喜說此心之全體，像一件物事般完整安頓在那裏，可仗以應付一切也。故曰：

> 來書云，事事物物皆有實理，如仁義禮智之性，視聽言動之則，皆從天命中來，須知顏曾洞見全體，即無一不善。此說雖似無病，然詳其病脈，究其意指，亦是以天命全體者為一物之渾然，而仁義禮智之性，視聽言動之則，皆其中零碎渣滓之物，初不異於前說也。至論所以為學，則又不在乎事事物物之實理，而特以洞見全體為功，凡此似亦只是舊病也。且曰洞見全體，而後事無不善，則是未見以前，未嘗一一窮格，以待其貫通，而直以意識

想像之耳。〈答廖子晦〉

洞見全體，直是一種意識想像，朱子最不喜言。讀者必疑既如此，則朱子在《大學》格物補傳上何以又說我心之全體大用乎？當知朱子所謂我心之全體，只指在事事物物上窮格後的一種會通，並非如有一物焉可以使人洞見。更不曾說待洞見此體了，便可以應萬事萬物而曲得其當也。在當時心學者所言之心體，朱子則僅認為是此心一時之用。並不能仗此一時之用作為把柄，橫用豎用，惟我所使。此為朱子論心體的真意見。朱子論心體處既明，則其論工夫處自可迎刃而解。故曰：

性命之理雖微，然就博文約禮實事上看亦甚明白。正不須向無形象處東撈西摸，如捕風繫影。用意愈深，而去道愈遠也。

朱子不喜懸空意識想像，於無形象處撈摸，而主從實事上看。故曰：

承以家務叢委，妨於學問為憂，此固無可奈何者。然亦只此便是用功實地。但每事看得道理，不令容易放過，更於其間見得平日病痛，痛加剪除，則為學之道何以加此。若起一脫去之心，生一排遣之念，則理事卻成兩截，讀書亦無用處矣。但得少間隙時，不可閒坐說話過了時日，須偷些小工夫，看些小文字，窮究聖賢所說道理，乃可以培植本原，庶幾枝

葉自然張旺。（〈答陳膚仲〉）

此即象山在人情物理上做工夫，陽明事上磨練之說也。又曰：

天下萬事都是合做底，而今也不能煞定合做甚底事。只自家日用間看甚事來便做工夫，今日一樣事來，明日又一樣事來，預定不得。

又曰：

如遇一件事，且就這事上思量合當如何做，處得來當，方理會別一件。

此即陽明今日格一件明日格一件之說也。學者工夫只有如此，故曰：

學者工夫，只如《易傳》所說，知其不善則速改以從善，此是要約處。若說須要識得端倪而心體可識，則卻是添卻一事也。窮理之學，只是要識得如何為是，如何為非，事物之來，無可疑惑耳。非以此心又識一心，然後為窮理也。（〈答王子合〉）

然則學者用工，不在求識心體，而在識得事物之是非。所謂事物是非，即是天理。此說亦陸王心學之所同。或問象山先生之學自何處入。曰：不過切己自反，改過遷善。陽明曰：一點良知，是爾自家準則，只實實落落依著他，善便存，惡便去。此等說法，全與朱子一般。若循此下工夫，便已是知行並進。故曰：

知與行須是齊頭做，方能互相發。程子曰：涵養須用敬，進學則在致知，下須字在字，便是要皆齊頭著力，不可道知得了方始行。

此等語，與陽明即知即行之說更相似。而其實更重要處則仍在知的一邊。故曰：

也緣知得不實，故行得無力。

又曰：

人之所以懶惰，只緣見此道理不透，所以一向提掇不起。若見得道理分明，自住不得，豈容更有懶惰時節。（〈答劉季章〉）

此即陽明不行只是不知之說也。可見凡論工夫處，朱子並不與陸王分別。但此心如何知，陽明則提掇良知二字，謂此心自然能知。而良知如何到手，則在後來王學，便多流入心本體底老窠臼中，仍不免要去撈摸那無形象的東西。朱子則認為心固自然能知，也須有一番從旁贊助工夫。故曰：

萬理雖具於吾心，要使他知始得。今人有箇心在這裏，只是不曾使他去知許多道理，少間遇事，做得一邊，又不知那一邊，只成私意。

心須使他知，便須向外到事物上去。若牢守此心在這裏，又知什麼。朱子又說：

人心惟定則明。所謂定者，非謂定於這裏，全不修習，待他自明。惟是定後卻好去學。

此處有兩層，第一要使有箇心在這裏。所謂有箇心在這裏者，只是要此心不走作，不走作即是定。如何常使有這箇心而不走作，能定，此即所謂主敬涵養。有此一番工夫，此心始可有知。故曰：

今於日用間空閒時，收得此心在這裏，截然，這便是喜怒哀樂未發之中，便是渾然天理。事物之來，隨其是非，便自見得分曉。是底便是天理，非底便是逆天理。常常恁地收拾得這心在，便如執權衡以度物。

此猶陽明良知即天理之說也。如何能收得此心在這裏截然，則便是敬。故曰：

又曰：

敬只是提起此心，莫教放散。恁地則心自明。這裏便窮理格物，見得當如此便是，不當如此便不是，既是了，便行將去。

先賢之意，蓋以學者不知持守，身心散漫，無緣見得義理分明，故欲其先且習為端莊整肅，不致放肆怠惰，庶幾心定而理明耳。程子云，主一無適，只是持守得定，不馳騖走作之意。（〈答方子實〉）

居敬工夫則乃合內外而兼動靜者。故曰：

自早至暮，有許多事，不成說事多擾亂我，且去靜坐。敬不是如此。若事至前，而自家卻要主靜，頑然不應，便是心都死了。無事時敬在裏面，有事時敬在事上。

又曰：

只虛著此心，隨動隨靜。無時無處不致其戒謹恐懼之力，則自然主宰分明，義理昭著。然著箇戒謹恐懼四字，已是壓得重了。要之只是略綽提撕，令自省覺，便是工夫。（〈答潘子

善〉）

這裏說敬字工夫及體段最分明，最恰切。敬有似於戒謹恐懼之意，但著戒謹恐懼字，已嫌壓得重了。敬只是略綽提撕，令自省覺。故曰：

人之為學，千頭萬緒，豈可無本領。此程先生所以有持敬之語。只是提撕此心，教他光明，則於事無不見。久之自然剛健有力。

可見敬只是略綽提撕，教人在心上用這一些子工夫，極輕鬆，極微妙，只教此心不走作，不散漫，便得。人當閒暇無事時，此心最易走作，最易散漫，便最可驗敬字工夫。朱子曰：

靜坐而不能遣思慮，便是靜坐時不曾敬。敬則只是敬，更尋甚敬之體。似此支離，病痛愈多。（〈答熊夢兆〉）

此條說敬字工夫最明豁，最斬截。敬則只是敬，更尋甚敬之體。一說到敬之體，便又在撈摸那無形象的東西了。一語明淨，葛藤全斷。後人卻偏要說敬是心之體，總之捨不得一體字，捨不得那閃閃爍爍沒形象沒撈摸的東西。朱子講心學最著精神處亦即在此。故曰：

此心自不用大段拘束他，他既在這裏，又問向那裏討他？要知只爭箇醒與睡著耳。醒的人只是心在這裏，能省覺，那便夠了。不須再從此深入去尋探那能醒覺之體，來當寶貝玩弄。敬只是略綽提撕，令常自省覺，教此心不散漫，不走作，如人常醒著莫昏昏睡了。故敬字工夫並不藏有神妙，並不可專恃他來應付一切。故曰：

苟不從事於學問思辨之間，但欲以敬為主，而待理之自明，則亦沒世窮年而無所獲矣。（〈答程正思〉）

這是何等直截語？如此則居敬了還須窮理，窮理尤貴博學，這一層已在上文講過。今試再加淺譬，如人醒時，自能應付事物，此固不錯。但人在醒時能應付事物者，此僅人心一時之用，卻不能硬把握此一刻，認為心體，而說只求醒了，此心在此，便自能應付一切。當知人在醒時之應付一切，則仍自有工夫在。此理本極明顯。朱子所謂居敬，只要此心常常覺醒。朱子所謂窮理，則要人將此醒覺的心來好好應付外面事物。我們卻不該說朱子在這上便犯了支離務外之病。朱子曰：

人之喜怒憂懼，皆是人所不能無者，只是差些便不正。所以學者便要於此處理會，去其惡而全其善。今只說一箇心，便都道是了，如何得？

在朱子意，只教人根據當下此心來下工夫，不許人認當下此心為全都是了。此在王門便是所謂現成良知，現成良知本來靠不得，即王門後學亦知之，惟朱子並不肯認有所謂到家十足的良知，教人憑此來應付一切，則又是朱子與王學之異。故朱子曰：

> 善端之發，慊乎吾心而合於聖賢之言，則勉勵而行之。邪志之萌，愧於吾心而戾於聖賢之訓，則果決而速去之。大抵見善必為，聞惡必去，不使有頃刻悠悠意態，則為學之本立矣。異時漸有餘力，然後以次漸讀諸書，旁通當世之務，蓋亦未晚。〈答林伯和〉

不使有頃刻悠悠意態，便是敬。以此誨示學人，亦何嘗不易簡，不親切。惟朱子既云善端之發，一邊說慊乎吾心，一邊又兼說合於聖言，必把聖言吾心雙提並重，這裏又與心學不同。孟子道性善，言必稱堯舜，亦何嘗不雙提並重。聖人我之同類，而又先得我心之所同然，高談心學而諱避聖言，終不免規模窄狹，強分內外，自限心量之所至。惟既分聖言與吾心而兩言之，則終不免偏輕偏重之分。朱子曰：

> 子靜只是拗。伊川曰，惟其深喻，是以篤好，子靜必要好後方喻。看來人之於義利，喻而好也多。若全不曉，又安能好。然好之則喻矣，畢竟伊川說占得多。

喻而後好，偏在由外入內。好後則喻，偏在由內及外。人心愛好的便易懂，懂了便易愛，兩面循環，並不是定由一面向一面。朱子定說伊川說占得多，還是偏重講學過於踐履。象山鵝湖之會，曾欲詢堯舜以前曾讀何書，若遠推到人文演進的源頭上去，則應該象山說勝些。陽明亦云：

人必有欲食之心，然後知食。欲食之心即是意，即是行之始。（〈答顧東橋書〉）

此亦主張象山好後方喻也。今就人文演進之歷程言，必先由人類之欲望及行動引出知識，並不是先有知識了，始生欲望與行動。此方面實是陸王理論較勝。但及人文演進已深，已經歷了一箇相當時期，人類種種經驗和發明積累已多，人心本屬相同，為何不承接這一分遺產，偏要深閉固拒，獨自一人從頭做起。所以陸王在理論上固是簡捷，但引用到工夫上來，卻反似徑而實紆。因此他們要揑造出一個心體來逃避那種似徑實紆的方法論。這一邊程朱在工夫上，借聖言來作己心之參考，卻是似紆反徑。但在理論上，又要妝點出一箇理先氣後，則像是支離了。所以就人文源頭處說知行本體，則陸王之言為是。就日常實際說修習軌轍，則朱子之論為允。此處仍只是尊德性道問學各是偏了的一番老話。東萊柬朱子亦曰：子壽前日經過，留此二十餘日，幡然以鵝湖前見為非，甚欲著實看書講論。又答邢邦用，謂講貫誦繹，乃百代為學通法，學者緣此支離泛濫，自是人病，非是法病。見此而欲盡廢之，正是因噎廢食。然學者苟徒能言其非，而未能反己就實，泛泛汨汨，無所底止，是又適所以堅彼之自信也。此言最持平。清儒顏習齋力斥朱子講誦之教，乃其弟子李恕谷便不能恪遵師訓，得失可見。

朱子既主講學，於是有先立定本之說。定本者，如孟子道性善，言必稱堯舜，堯舜即性善之定本。朱子曰：

> 教人恐須先立定本，卻就上面整頓，方始說得無定本底道理。今如此一概揮斥，其不為禪學者幾希。（〈答吳伯恭〉）

可見朱子也並不主張死守在定本上，只從定本漸企無定本。譬如寫字臨帖，漸漸脫化。若全沒有一定本，甚難寫好字。照理論，應該先有字，後有帖。照方法，不妨臨著帖，來寫字。寫字固須性靈，但在性靈上無多說話，故朱子說的卻不免多偏在教人臨帖的工夫上。故曰：

> 講學不厭其詳。凡天下事物之理，方冊聖賢之言，皆須仔細反復究竟。至於持守，則無許多事。若覺得未穩，只有默默加工，著力向前耳。今聞廢書不講，而反以持守之事為講說之資，是乃兩失其宜。下梢弄得無收殺，只成得杜撰捏合而已。（〈答劉公度〉）

持守並非不重要，只無多話待講說。照上面所引，只略綽提撕便得。以下卻儘有事，不可空空持守。陽明晚年提出必有事焉之教，戒人莫空鍋煮飯。心學流弊，卻在持守上過分看重，遂將此下許多事擱置。如江右王門，依舊是空鍋煮飯也。或問致知後須持養方力行，朱子曰：

如是則今日致知，明日持養，後日力行。只持養便是行，正心誠意，豈不是行。但行有遠近，治國平天下，則行之遠耳。

此處見陽明即知即行一番話，也有語病。若論人文演進初期，以及孩提之童的身上，即知即行並不錯。但到人文演進已深，以及長大成人的身上，則一切事複雜了，那能今日知到這裏，今日便行到這裏。此如治國平天下，朱子所謂行之遠者，卻不能說講學與踐履無大間隔，此處正須有講學準備。適蒼莽者三飡而反，腹猶果然。適百里者宿舂糧。適千里者三月聚糧。近行則知行不隔，遠行則知行漸離。人文演進到複雜的文化社會，人生脫離孩提到大人年歲，這便是行漸遠了。若一切事還是即知即行，不許講學與踐履稍稍分開，則終不免太急促，無徊翔餘地。但人類一到複雜境地，卻易把原初從來處忽略了，那則毛病也夠大。陸王發明心學，到底在人生哲學上不失為一種大貢獻，但朱子在此處實也並沒有忽略過。故曰：

且須虛心涵泳，未要生說。卻就日用間實下持敬工夫，求取放心，然後卻看自家本性之是

善與不善，自家與堯舜原是同與不同。若信得及，意思自然開明，持守亦不費力。（〈答周舜弼〉）

此等語，與陸王分別甚微。只在入門下手處，虛心涵泳，未要生說，較之陸王似轉多添了一層。正是先立定本，喻之乃好，踐履之外又重講學，必如此乃能擴大心量，直達聖境。所以朱子說話，雖若迴環往復，實是盛水不漏。但朱子一切話，盡是腳踏實地，一些也不放鬆，所以愛玄虛，務高明的，往往不喜。或問向來所呈與點說一段何如，朱子曰：

某平生不愛人說此話。《論語》一部，自〈學而〉至〈堯曰〉，都是做工夫處。不成只說了與點，便將許多都掉了。……若都掉了，只管說與點如何，如喫饅頭，只撮箇尖處，不喫下面餡子，許多滋味都不見。

《論語》與點一章，正是當時言心學者認為指點心體一箇最好榜樣。人人多心嚮往之。朱子卻譬他是一個饅頭尖。並不是說饅頭尖不在饅頭上，但若只喫饅頭尖，便喫不到整個饅頭的真味，而且也喫不飽。我嘗說，一部中國中古時期的思想史，直從隋唐天台禪宗，下迄明代末年，竟可說是一部心理學史，問題都著眼在人的心理上。只有朱子，把人心分析得最細，認識得最真。一切心學的精采處，朱子都有。一切心學流弊，朱子都免。識心之深，殆無超朱子之右者。今日再四推闡，不得不認朱子乃當時心理學界一位大師也。

三十七年一月初稿七月改定

朱子學術述評

我們若把宋學演進勉強擬之佛學，則初期宋學如小乘，濂溪橫渠如大乘空有二宗，二程如台禪諸家，到南渡後的第三期宋學，便要到和合一切與掃蕩一切的時代。朱子是和會一切者，象山是掃蕩一切者，若謂朱子如宗密，則象山是馬祖。

朱子學說，規模極闊大，其思想頭緒又極繁複，自來號為難究。竊謂欲治朱子思想，當分數要端。首在詳密排比其思想先後之演變，此項工作，固需精嚴考訂，然尤要者在能有哲理之眼光。否則僅賴考訂，猶不足以勝任而愉快，如清代王懋竑《朱子年譜》是也。其次在通觀朱子對於並世諸家之批評意見而加以一種綜合研究。學者多知朱陸異同，然朱子並非僅與陸異，並世諸家如張南軒呂東萊陳止齋薛艮齋陳龍川葉水心等，朱子皆有往復評騭，必通觀此諸異同，而後朱子自己思想之地位乃始躍然呈露。然朱子在學術思想史上貢獻最大而最宜注意者，厥為對儒家新道統之組成。道統觀念，本由釋氏，隋唐間台賢諸家皆有傳統，不獨禪宗也。韓愈〈原道〉，始為儒家創傳統。下及北宋初期，言儒學傳統，大率舉孔子孟荀以及董仲舒揚雄王通韓愈。惟第二期宋學則頗已超越董揚王韓，並於荀卿亦多不滿，朱子承之，始確然擺脫荀卿董揚以下，而以周張二程直接孟子，第二期宋學始確然占得新儒學中之正統地位。此為朱子第一大貢獻。關於此方面之著作，最著者為《近思錄》。

其次朱子又於孔孟之間增入曾子子思兩傳，而有孔曾思孟四書之彙集，此即《論語》、《大學》、《中庸》、《孟子》是也。《論》、《孟》自來為儒學所尊，《中庸》起於秦代，其書融匯儒道思想，與〈易繫辭傳〉相先後。南北朝釋道思想盛行，《中庸》、〈易繫〉即為時所重。唐李翺〈復性書〉遠開宋代新儒學之先河，其篇中理論即據《中庸》。釋氏如天台宗等治《中庸》者亦盛。北宋初期諸儒皆於此書頗極重視，張橫渠初謁范文正，即勸其讀《中庸》。《大學》則由二程始特推尊，故曰程門專以《大學》、〈西銘〉開示學者，至朱子遂彙《學》、《庸》、《論》、《孟》成一系統，並以畢生精力為《論》、《孟》作集注，《學》、《庸》作章句。元明以來迄於清末七百年朝廷取士，大體以朱注四書為圭臬，學者論學亦以朱注四書為準繩。朱子注四書，正猶孔子修六經。孔子修六經，未必有其事，而朱注四書則其影響之大，無與倫比。此為其第二大貢獻。

朱子第三大貢獻，在其對經學地位之新估定。先秦儒學雖原本經術，但儒學與經學畢竟不同。兩漢博士始把經學替代了儒學。此一風氣，直到唐人未能改。宋儒始漸漸從經學中擺脫來復興儒學，朱子乃此一績業之完成者。他對諸經有許多極精警的意見，他說：

《易》非學者急務也。某平生也費了些精神理會《易》與《詩》，然得力則未若《語》、《孟》之多也。《易》與《詩》中所得，似雞肋焉。（《語類》一〇四）

又說：

《詩》、《書》是隔一重兩重說，《易》與《春秋》是隔三重四重說。《春秋》義例，《易》爻象，雖是聖人立下，今說者用之各信己見……但未知曾得聖人當初本意否？且不如讓渠如此說。……今欲直得聖人本意不差，未須理會經，先須於《語》、《孟》中專意看他。

又說：

書中可疑諸篇，若一齊不信，恐倒了六經。（《語類》七十九）

朱子此種見解，黃東發《日鈔》裏曾有一段批評說：

朱子謂《易》本卜筮，謂《詩》非美刺，謂《春秋》初不以一字為褒貶，皆曠世未聞之高論，而實皆追復古始之正說。乍見駭然，熟輒心靡。卓識雄辨，萬古莫儔。（《日鈔》卷三十八）

此真說出了朱子治經學的真貢獻。他的《周易本義》，說《易》為卜筮書，較之王輔嗣程伊川注《易》，更多開明。他的《詩集傳》，全用後代文學集部眼光來解說《詩經》，更為脫淨前人窠臼。他對《尚書》，早已疑及今古文之不同，遠開將來清儒門路。他亦認《尚書》為一部古史，其間有關上古天文曆法地理制度以及種種名物，全需專家智識來整理，所以他把《書集傳》的工作讓他門人蔡沈去完成。朱子對於孔子《春秋》也只認為是一部通史。史學應該注重近代，在孔子時修史，自然偏重春秋時代，在後世則不應仍是看重《春秋》。因此朱子把司馬光《通鑑》來代替《春秋》，而他有意來寫一部《綱目》。他把司馬光《通鑑》當作《左傳》，自己的《綱目》則是一部新《春秋》，這又是一種極大膽而極開明的見解。他對於《禮》的一部份，也認為古禮不能行於後代，而制禮作樂則不屬社會私人事業，故他只有意寫一部《家禮》。這樣，在他手裏，把自漢歷唐，對古代經學的尊嚴性與神祕性全剝奪了，而重新還他們以應得之地位。後來陽明六經皆史的理論，其實在朱子已透切發揮了。從此以下，四子書占踞上風，五經退居下風，儒學重新從經學中脫出，這是朱子第三大貢獻。

以上三點，都從學術史上著眼。若說到朱子的思想，則他的最大貢獻，不在其自己創闢，而在能把他理想中的儒學傳統，上自五經四書下及宋代周張二程完全融成一氣，互相發明。在朱子的見解上，真是「先聖後聖，其揆一也」。他在中國思想史裏獨尊儒家，在儒家中又為製成一系統，把他系統下的各時代各家派，一切異說，融會貫通，調和一致，此非朱子氣魄大，胸襟寬，條理細密，而又局度開張，不能有此成就。孟子稱孔子為集大成，此層無可細說。至於朱子確是集孔子以下儒學之大成，這是朱子第四大貢獻。

但是朱子思想之真實精神，實際上還是承襲伊川，最顯著者莫如他的《大學》格物補傳，此乃沿襲伊川集義致知的見解而來。《大學》是程門新經典，朱子《大學章句》首引：

子程子曰：《大學》，孔氏之遺書，而初學入德之門也。於今可見古人為學次第者，獨賴此篇之存，而《論》、《孟》次之。學者必由是而學焉，則庶乎其不差矣。

《大學》既如此重要，而程朱相傳皆認《古本大學》有錯簡，有脫文。最重要者在《大學》八條目的開始第一步工夫，即所謂致知在格物者，亦不幸有脫文而其義已失，朱子乃特為之補上。其文曰：

右傳之五章，蓋釋格物致知之義，而今亡矣。問嘗竊取程子之意以補之。曰：所謂致知在格物者，言欲致吾之知，在即物而窮其理也。蓋人心之靈莫不有知，而天下之物莫不有理，惟於理有未窮，故其知有不盡也。是以《大學》始教，必使學者即凡天下之物，莫不因其已知之理而益窮之。以求至乎其極。至於用力之久，而一旦豁然貫通焉，則眾物之表裏精粗無不到，而吾心之全體大用無不明矣。此謂物格，此謂知之至也。

此即有名的所謂朱子格物補傳。學者入德必由《大學》，而《大學》始教又在格物，則豈非格物便成了學者為學第一步最基本的工夫。但古人格物義已亡失，今朱子卻云推本程子意補之，此無異俗云偷天換日，使後世學者自以為是遵循孔門，而實際乃依照程朱。但在朱子則並非有意作偽或假託。《四書集注》乃其畢生精力所萃，直至七十二歲臨死那一日，還修改了《大學章句》裏的誠意章。在朱子心裏，彼實深見其理之當然，而成為一種近於宗教性的信仰。此等境界，不當用後代考據家意見來責備。

後人批評朱子格物補傳最重要的意見，稱為朱子乃主一種心理兩分說。所謂理者，有物理，有事理。朱子注《大學》格物說：

格，至也。物，猶事也。窮至事物之理，欲其極處無不到也。

此顯然主要是指事理，但有時亦指物理，所謂：「一草一木亦皆有理，都須格」是也。今若謂物理吾心非一是二，此猶易說。若謂事理吾心判為兩事，則義難圓成。當知朱子的心理兩分說，還是根據程子心性分別的見解而來。《玉山講義》，乃朱子晚年意見，他說：

> 大凡天之生物，各付一性。性非有物，只是一箇道理之在我者耳。故性之所以為體，只是仁義禮智信五字，天下道理無不出於此。後世之言性者多雜佛老，所以將性字作知覺心意看了，非聖賢所說性字本指也。（《文集》卷七十四）

此處朱子將性心分開說，似與孟子論性原旨有背。孟子說：惻隱之心，仁之端也，只說從惻隱之心推擴出去便是仁，故惻隱之心便是仁之端。言端者，猶云火之始然，泉之始達，惻隱之心便是仁道之開端也。如此便見性善。所謂性善，只是善之端由於人性，而人性則由人心而見。朱子說：

> 謂之端者，猶有物在中而不可見，必因其端緒發見於外，然後可得而尋。（《玉山講義》）

如此則成為仁（即性）居人心中不可見，因惻隱之端緒發見在外而後可見。如此則由仁之性發出惻隱之心來，性是內在之本，心只是外顯之末，不免要教人由外在的端緒（心）向內尋索，而識其性，而非教人由內心的端緒向外推擴，而達於仁，豈不與《孟子》原意相背？明道論心，重存養過於重推擴，伊川則主性中只有仁義，那有孝弟，朱子承之，遂似把《孟子》文義曲解了。又《孟子》盡其心知其性也，知其性則知天矣章，明說盡心始可知性，知性始可知天，但朱子《集注》又倒說了。他說：

心者，人之神明，所以具眾理而應萬事者也。性則心之所具之理，而天又理之所從以出者也。人有是心，莫非全體，然不窮理，則有所蔽而無以盡乎此心之量。故能極其心之全體而無不盡者，必其能窮夫理而無不知者也。既知其理，則其所從出亦不外是矣。以《大學》之序言之，知性則物格之謂，盡心則知至之謂也。

根據朱子此節注文，極看重人心，確是《孟子》原意，但主先窮理然後可以盡心，則與《大學格物補傳》相一致。《孟子》原意，要人把自己此心惻隱羞惡諸端向外推擴盡致，則自然可以知性。並非說知性了始可盡心，更非說窮理是知性工夫，此處可見朱子與孟子意見有異，在其下工夫處，一內一外，正相倒置。關於此層，明道所解尚不甚誤。明道云：

心也性也天也，一理也。自理而言謂之天，自稟受而言謂之性，自存諸人而言謂之心。

明道本有主心即理的傾向，故此處言之甚渾括。但伊川晦菴則力主性即理，看心只是一個知覺靈明，於是遂與明道有歧。此在伊川晦翁亦有他們用意所在。朱子曾說：

> 釋氏專以作用為性，在目曰見，在耳曰聞，在鼻齅香，在口談論，在手執捉，在足運奔。且如手執捉，若執刀胡亂殺人，亦可為性乎？龜山舉龐居士云，神通妙用，運水搬柴，以比徐行後長，亦生此病。不知徐行後長，乃謂之弟，如曰運水搬柴即是妙用，則徐行疾行，皆可謂之弟耶？（《語類》三十六）

又說：

> 知覺之理是性，所以當如此者。釋氏不知。他但知知覺，沒這理。

又引上蔡云：

> 佛氏所謂性，正聖人所謂心。

朱子這一番辨論極重要，正如後人所謂儒釋疆界，這是宋儒所力求異於釋氏處，若就此一方面看，伊川朱子分辨心性，不得不謂其較孟子更深入，更細到。而其最吃緊者仍在一理字。朱子又云：

吾以心與理為一，彼以心與理為二。彼見得心空而無理，此見得心雖空而萬物咸備也。（《文集》卷五十六〈答鄭子上〉）

釋氏既主心空無理，所以只要認得此心便夠。今既主心具眾理，則不得不於此眾理上下工夫。這是朱子意見。佛學在宋代還極流行，即程門高第，如謝上蔡游定夫楊龜山後梢皆入禪去。（此亦朱子語。）朱子從此處分出儒釋疆界，實不得謂其非一大貢獻。

此處又牽涉到未發已發問題。伊川本云：「善觀者卻於喜怒哀樂已發之時觀之。」但楊龜山一傳為羅仲素，再傳為李愿中，卻教人看喜怒哀樂未發之謂中，未發時作何氣象，此豈非與師門宗旨顯相違背，這明明是禪學。朱子親受學於李愿中，但朱子自始便懷疑李先生的教法。他說：

李先生為默坐澄心之學，只為李先生不出仕，做得此工夫。若是仕宦，須出來理會事。（《語類》二十三）

這是朱子從人的實際生活上來反對默坐澄心，這便是反對了楊龜山以下程門相傳的為學入門工夫，便是反對了他師門嫡傳宗旨。朱子此種精神，實大可佩服。朱子又有觀心說，在純粹理論上反對此種默坐澄心的工夫。他說：

佛者有觀心說。夫心，一而不二者也，為主而不為客者也，命物而不命於物者也。故以心觀物，則物之理得。今復有物以反觀乎心，則是此心外之復有一心而能管乎此心也。此亦不待辨而審其言之謬矣。（《文集》卷六十七）

朱子反對佛家的觀心工夫，其實亦是反對當時程門相傳看喜怒哀樂未發以前氣象的工夫，亦即是反對他老師李愿中的默坐澄心之學。但在朱子本身，此處亦似仍留一罅縫。朱子既說心具眾理，則反觀己心，豈不便成眾理畢現？伊川說：「沖漠無朕，萬象森然。」程門所以要默坐澄心，看喜怒哀樂未發以前氣象者，正是要從沖漠無朕中看出萬象森然來。以後陽明良知之學所謂見父自然知孝，見兄自然知弟，正為心具眾理，故能因物而現。若物欲錮蔽，則姑自默坐澄心，即陽明始教亦然。今朱子既說心具眾理，卻又教人以心觀物則物之理得，似乎又主張理在物不在心，此似朱子學說本身一大罅縫。但朱子意，須心與物交始見理，外了物，人心之理更於何見。所謂物之理得，乃是人處物之理，則物理主要乃事理。朱子意實未有罅縫，未可輕議也。

照孟子意，天地間一切道理，本由人心展衍而出。如人有惻隱之心，推擴出去便成仁的道理。人有羞惡之心，推擴出去便成義的道理。一切道理，推求本原，全由我心，故曰萬物皆備於我矣。這是說人生行為萬般的標準，皆備在人心。又說盡心知性，盡性知天。可見性只是心，說心似屬人為，說性則明屬自然與天賦，故盡心可以知性知天也。程朱則倒轉來說，因人心中有仁的道理，故能發出惻隱之心來。有義的道理，故能發出羞惡之心來。這些道理在心中者便叫性，故說性即理。故此等道理，雖在心中，而非即是心，故不許說心即理。心只是一個虛靈不昧之體，可以照察理，而非即是理。若定要說心即理，則佛家禪宗亦同一主張，何以辨其非乎？其實程朱關於性的見解，亦有些近似涅槃佛性。惟涅槃佛性是第一義空，所以此後台禪諸家主張明心見性即心即性者，便認心只是一個虛明靈知。心只是虛明靈知，適成其第一義空之性。此仍是佛義。若專從即心即性的見地上看，則台賢諸家又若轉與孟子為近。惟孟子即心即性之心，兼包有情感，並不專指虛明靈覺。人心在虛明靈覺外，還有他自己的嚮往，自己的要求。若抹殺人心自己的嚮往要求，而只從其虛明靈覺處看，則仍是得半而失半，自然談不上性善性惡。今程朱只以虛明靈覺言心，則不免沿襲了台禪諸家，但不肯認性為空，於是說成性是一個道理在心中。則試問此來入心中之理又是什麼。這裏便要折入西方哲學之所謂宇宙論與形而上學方面去，朱子在這一方面則把橫渠尤其是濂溪的理論來彌縫二程之所缺。故欲求朱子立說本旨，實本孟子，而有些處乃不免與孟子有異也。

故論朱子思想，應可分為心性論與理氣論之兩部分，心性論承襲二程，理氣論則補其缺陷。

朱子說：

先有個天理了卻有氣，氣積為質，而性具焉。（《語類》一）

此處理字氣字，《孟子》書中皆未論及。則朱子言性處，自不能不與孟子有異，亦自可見。朱子又說：

理氣本無先後之可言，然必欲推其所從來，則須說先有是理。然理又非別有一物，即存乎氣之中，無是氣，則是理亦無掛搭處。（又說：無此氣，則此理如何頓放。）

又說：

不可說今日有是理，明日卻有是氣。也須有先後。且如萬一山河大地都陷了，畢竟理卻在這裏。

又說：

所謂理與氣，此決是二物。但在物上看，則二物渾淪，不可分開各在一處。然不害二物之各為一物也。若在理上看，則雖未有物，而已有物之理，然亦但有其理而已，未嘗實有其物也。（《文集》卷四十六〈答劉叔文〉）

朱子此種理氣論，不可謂其是理氣二元論，而應稱之為理氣之混合一元論。乃在一元中不可不分此理氣二物耳。其實此等理論，亦深受佛說尤其是賢首宗的影響。或人問萬物各具一理，而萬理同出一源，朱子曰：

釋氏云：一月普現一切水，一切水月一月攝，這是那釋氏也窺見得這些道理，濂溪《通書》只是說這一事。（《語類》十八）

這是朱子自己說他理論同於釋氏也。其實朱子所謂理，仍近於釋家之涅槃佛性，惟涅槃佛性是第一義空，是寂滅，而朱子之理則是實在，是生與有之所以然。此是朱子有意融釋歸儒，故如此說之。故朱子此番理論，實是極費分釋，非可一言而解。第一、理雖是一實在，而必掛搭於氣，不能獨立自存。第二、理雖為生與有之所以然，但他只是一種規範而並無力量，只能主宰氣，不能推動氣。如此則理乃是一沒氣力的偏於靜定一邊的東西。所以說：

氣則能凝結造作，理卻無情意，無計度，無造作。只此氣凝聚處，理便在其中。

又說：

理只是箇淨潔空闊底世界，無形迹，他卻不會造作。氣則能醞釀凝聚生物也。但有此氣，則理便在其中。（同上）

故若將朱子的理氣分作兩物看，則將全不成物，亦無此心。故知朱子言理氣，其實是混合之一體，而在此一體中，乃有理氣可分。朱子氣的觀念，全近道家。道家亦認一氣運行中有自然條理，理亦只是自然，人須剗心去智，無作無為，始能合此自然。今朱子則認理與氣別，說他是箇潔淨空闊底世界，又說，山河大地都陷了，理畢竟卻在，故知其說近於佛氏之涅槃佛性，而與道家自然之理不同。在朱子實是會合道釋以歸之於儒，而自創其一番宇宙論，故非道非釋，而亦不免與孔孟有異也。

明白了朱子的理氣論，便更易明白朱子的心性論，此在朱子思想中本是一脈貫通也。朱子說：

天下無無性之物，蓋有此物則有此性，無此物則無此性。（《語類》四）

此處物即是氣，性即是理。朱子《四書集注・孟子・告子篇》有云：

性者，人之所得於天之理也。生者，人之所得於天之氣也。性形而上者也，氣形而下者也。人物之生，莫不有是性，亦莫不有是氣。然以氣言之，則知覺運動，人與物若不異也。以理言之，則仁義禮智之稟，豈物之所得而全哉。

此處性氣兩分，正猶《大學》格物補傳之心理兩分，實為朱子學說之中心主幹。朱子常說理掛搭在氣上，又說，性是一物在心中。性即理，心即氣，性在於心，即是理附於氣之比。朱子看的理，既是一個沒氣力的理，因而朱子看的性，亦是一個無生命的性，同樣不能自動的發出行為與變化來。朱子又說：

心便是官人，性便是合當做底職事，氣質便是官人所習向，或寬或猛。情便是當廳處斷事。

此處證明朱子看性，只是一個沒氣力而近於靜定一邊的物。為之作主者是此官人。若此官人不盡職，不做此合當做的事，誰也對他沒奈何。一切責任，全在官人自身。處斷事的又只是情不是性，如此，則性的功能豈不全落空了。但性亦實非落空。因性是一物在心中，惟此物乃是形而上的。若無此物，則不成為心，如沒有職事，便不成為一官人也。朱子又說：

性者心之理，動者是情，主宰是心。（《語類》五）

人多說性方說心，看來當先說心。

然則朱子縱不肯言心即理，但極看重此心。後人又分陸王為心學，程朱為理學，實則朱子看重心，乃決不遜於陸王也。朱子又說：

天地若無心，則須牛生出馬，桃樹上發李花，……心便是他個主宰處。

又說：

天下之物，至微至細者亦皆有心，只是有無知覺處爾。且如一草一木，向陽處便生，向陰處便憔悴，他有個好惡在裏。

是朱子又把心推擴到宇宙萬物，說其莫不有心，但又不是唯心的一元論。朱子學說之所當詳細分說者正在此。

因此朱子有時也像頗有主張心即理說之傾向。或問：理是道理，心是主宰底意否？朱子說：

心固是主宰底意，然所謂主宰者即是理也。不是心外別有個理，理外別有個心。

如此則豈不明明成了心即理，但從朱子思想之大體看，則朱子只肯明白說性即理，又說性是一物在心中。不肯說心即理。故今亦只能說朱子是主張心性混合之一元，一如其主張理氣混合之一元也。然朱子之重視心工夫心主宰，乃在人生論上，所以直承孔孟之處。至其必認性在心之先，則繩之以近代生物學知識，而誠見其實然，不得不謂其較孟子為尤允愜也。

到此，我們可以繼續講朱子的格物窮理論。朱子雖主張萬物同出一源，但又說：

道理散在事物上，卻無總在一處底。（《語類》一二〇）

所以說：

天下豈有一理通，便能萬理皆通，他須積累將去。（《語類》十八）

積累多，自當脫然有貫通處，乃是零零碎碎湊合將來。

零零碎碎的湊合，這是朱子格物窮理精神。所以說：

大體只是合眾小理會成。今不窮理，如何便理會大體。（《語類》二十五）

朱子不主張徑去理會大體，只教人從眾多小理處窮究。故云：

萬理雖只是一理，學者且要去萬理中千頭萬緒都理會，四面湊合來，自見得是一理。（《語

類》一一七）

朱子教人從「萬個道理四面湊合來」，此是朱子之知識論。知識則決然是積累湊合的。所以他說：

大而天地陰陽，細而昆蟲草木，皆當理會。一物不理會，這裏便缺此一物之理。

又說：

天下無書不是合讀底，無事不是合做底。若一箇書不讀，這裏便缺此一書之理。一件事不做，這裏便缺此一事之理。

上引各節，應與《大學》格物補傳合看。朱子雖在格物補傳上說有豁然貫通之一日，然並非說貫通以後即不再要做窮理工夫。當知儘管貫通，依然還要窮格。少窮一物，便少知一物之理。在此朱子有他更緊要的說明。他說：

論萬物之一原，則理同而氣異。觀萬物之異體，則氣猶相近而理絕不同。（《文集》卷四十六〈答黃商伯書〉）

可見朱子所重，固在理的一原，而更要在理的絕不同處。此是朱子格物窮理論之精神。亦見朱子決不主唯理一元，而是主理氣混合之一元也。

朱子論理如此，論性亦然。他說：

性如日光，人物所受之不同，如隙竅之受光有大小也。

又說：

人物性本同，只氣稟異。如水傾放白椀中是一般色，放黑椀中又是一般色。

又說：

如一江水，你將杓去取，只得一杓。將椀去取，只得一椀。至於一桶一缸，各自隨器量不同，故理亦隨異。

根據上述，可見朱子心中之人性，亦非全是一樣，此所謂理一分殊。朱子既注重在分殊，自然要使他的思想有些處像是更近於荀子而較遠於孟子。朱子主張憑藉自己虛明靈覺之心來向外窮理，亦與荀子近，與孟子遠。但朱子在此上又添一曲折，他說心具眾理。說：

此心虛明，萬理具足，外面理會得者，即裏面本來有底。

此說卻非荀子所有。但亦似非孟子意。只有釋家，如云山河大地盡是妙明心中物。但朱子又把理氣分說，不主張萬物在我心中，而認萬理在我心中，此是朱子與釋家相異處。因心與物交必見理。無心則理不見，因此既認萬理在我心中，而又要向外尋求，故窮理必須格物。物無窮，斯理亦無窮，但卻又全在你心裏。理不能外心外物而自在。此是朱子思想。

惟其萬理全具心中，故朱子於格物窮理之外又補上一番居敬工夫。此是朱子之緊承二程處。居敬窮理合說，則是其緊承伊川處。他說：

敬則萬理具在。

此云萬理具在，並不是說萬理具現，故居敬而後可以窮理，並非即可以居敬代替窮理。朱子說：

凡學須要先明得一箇心，然後方可學。譬如燒火相似，必先吹發了火然後加薪，則火明矣。若先加薪而後吹火，則火滅矣。（《語類》十二）

此處又頗似荀子，但畢竟仍與荀子異。朱子在此上又轉到《中庸》已發未發的問題上去。朱子說：

今於日用間空閑時，收得此心在這裏，截然，這便是喜怒哀樂未發之中，便是渾然天理。事物之來，隨其是非便自見得分曉。便如執權衡以度物。

其實《中庸》本係荀子以後書，本可受荀子影響。《中庸》未發之中的理論，頗似從《荀子》書中脫胎。如云執權衡以度物，此只是心氣中平，沒有偏向，如所謂水靜則見鬚眉也。但朱子又云渾然天理，此層卻須分釋。有人文理，有自然理，如仁義禮智信皆人文理，皆人性中所有，性具於心，故曰渾然天理。但有生物無生物各有性，其性與人性異。但求明此理，須待我虛明靈覺之心，故曰萬理具足。以人文理判別自然理，故曰執權衡以度物。明此便知程朱只主性即理，不主心即理之意。心中萬理具足，乃在其未發之中。此仍是伊川所謂沖漠無朕而萬象森然也。欲求達此境界，則須居敬工夫。故必居敬而後可以格物窮理，但已與大程子所謂誠敬存之更有何事之意義不同。昔禪宗教人看父母未生以前本來面目，此乃要人悟到萬法皆空的境界，所謂三界惟心，萬法惟識，到底則只是一空。故朱子說，「吾儒以性為實，釋氏以性為空」也。知有性乃見實。若僅知有心，則無不歸於虛矣。朱子別一處又說：

釋氏雖自謂惟明一心，然實不識心體。雖云心生萬法，而實心外有法。故無以立天下之大本，而內外之道不備。然為其說者，猶知左右迷藏，曲為隱諱，終不肯言一心之外別有大本也。若聖門所謂心，則天序天秩天命天討惻隱羞惡是非辭讓，莫不該備，而無心外之法。故孟子曰，盡其心者知其性也，知其性則知天矣。存其心，養其性，所以事天也。是則天人性命豈有二理哉。（《文集》卷三十〈答張欽夫〉）

朱子此文，頗見他言心與釋氏別，仍屬儒家傳統。惟孔孟只就人生圈子內立論，謂人類百行眾德，皆由人心自然傾向展衍而來。朱子則於人生外又添上一個氣世界，必說物各一理，則已轉入宇宙論方面去。故朱子之所謂理，已非孟子之所謂義理。孟子義理專指人事言，朱子則牽涉到宇宙物理上面去也。故朱子只肯說天即理，卻不說心即理。朱子既要會合道釋以歸之於儒，問題複雜了，於是一切思辨亦不得不趨於複雜，故象山乃以支離譏之也。

現在再說到未發已發的問題，朱子在此上亦曾極費研尋。他最先則謂：

良心未嘗不發。

人自有生即有知識，事物交來，應接不暇，念念遷革，以至於死，其間初無頃刻停息，舉世皆然。（《文集》卷三十〈與張欽夫〉，又《宋元學案》卷四十八〈中和說一〉）

那是他主張程子「未發之前更如何求」，「善觀者卻於已發之際觀之」的見解。但稍後他變了。他說：

日間但覺為大化所驅，如在洪濤巨浪之中，不容少頃停泊。蓋其所見一向如是，以故應事接物處，但覺粗厲勇果增倍於前，而寬裕雍容之氣略無毫髮。（《文集》卷三十二〈答張敬夫〉，又《學案・中和說二》）

又云：

手忙足亂，無著身處。（同上）

於是朱子又回頭轉到未發的存養方面來。他說：

人之一身，知覺運用，莫非心之所為，則心者，固所以主於身而無動靜語默之間者也。然方其靜也，事物未至，思慮未萌，而一心渾然，道義全具，其所謂中，是乃心之所以為體而寂然不動者也。及其動也，事物交至，思慮萌焉，則七情迭用，各有攸主。其所謂和，是乃心之所以為用，感而遂通者也。然性之靜也而不能不動，情之動也而必有節焉，是心之所以寂然感通，周流貫澈，而體用未始相離者也。蓋心主乎一身而無動靜語默之間，是以君子之於敬，亦無動靜語默而不用其力焉。未發之前是敬也，固已主乎存養之實，已發之際是敬也，又常行於省察之間。……君子之所以致中和而天地位萬物育者在此而已。（《文集》卷三十二〈答張欽夫〉，又《學案．中和說三》）

這裏朱子明認性為未發，情為已發，又用橫渠心統性情之說，謂心貫徹乎動靜，動時省察，靜時存養，即是程門敬字工夫，如此則已發未發面面兼到。這裏的問題，依然在性情分張，未發之性管攝不到已發之情，故要把心來作主。增強心的作主力的便是敬，敬裏面又分靜存動察，而格物窮理只偏在動察一邊。若非有靜時存養工夫，則動時省察便易失錯。於是便造成朱子居敬窮理兩面用功的理論。此即伊川涵養須用敬，進學則在致知說之變相，但到朱子手裏，卻開展精微得多了。而朱子有時在此兩邊又有偏重靜存一面的意向。他說：

未發之前不可尋覓，已發之後不容安排，但平日莊嚴涵養之功至，而無人欲之私以亂之，則其未發也鏡明水止，而其發也無不中節矣。

又說：

向來講論思索，直以心為已發，而日用工夫亦止以察識端倪為最初下手處，以故闕卻平日涵養一段工夫，使人胸中擾擾，無深潛純一之味。而其發之言語事為之間，亦常急迫浮露，無復雍容深厚之風。蓋所見一差，其害乃至於此，不可以不審也。（《文集》卷六十四〈與湖南諸公論中和第一書〉，又《學案・中和說四》）

從此遂產生後來陽明一派朱子晚年定論之爭訟。總之，朱子在此方面，確曾下過一番深功夫。他最先頗像要擺脫當時向心用功的舊習，轉換到向外事物方面去。但最後依然折回到老路上，而把此兩面牽綰合一。一方面和會舊說，一方面開闢新趨，這是朱子之大氣魄處，亦是朱子學說之所以頭緒紛繁處。

清儒常以朱子與鄭玄相擬，其實康成非晦翁之儔。以整個中國學術史觀之，若謂孔子乃上古之集大成者，則朱子乃中古之集大成者。其包孕豐富，組織圓密處，朱子甚似孔子。孔子每好以相反相成之兩字面來表達一觀念或一境界，如言仁必言智，或言仁必言禮，又言禮必言樂之類。朱子亦常如此，如言理必及氣，言心必及性，言窮理必及居敬之類。但其間卻有一分別。孔子只就人心人事立論，令人當下有入手處。孔子的圓密是面面俱到，或是面面兼顧。朱子則以宇宙人生糾合在一起，他的思想似乎相互間依待的條件更多了，如理必依待著氣，必以氣為條件。氣亦依待著理，必以理為條件。同樣心必依待著性，必以性為條件。性亦依待著心，必以心為條件。

一切互相依靠，言及於此，則必以彼為條件。所以研究朱子思想，常覺其氣魄大而苦難下手，若圓密而又嫌瑣碎。陸象山譏其支離者即在此。朱子亦非不自知，為教人的方便，乃不免以讀書來代替著窮理，漸漸以研窮字義來代替研窮物理，於是又漸漸從讀書轉到章句與訓詁上，這是朱學之流弊。但不能說朱學精神只是讀書，只是章句與訓詁，乃以與康成相比擬。此則只以見清代漢學之陋耳。

本篇已先刊於《中國學術通義》，此篇又續有增訂，盼讀者取《通義》本合併參讀之。

周程朱子學脈論

濂溪二程晦翁，見稱為理學正統，全祖望〈濂溪學案序錄〉，謂：

> 濂溪之門，二程子少嘗游焉，其後伊洛所得，實不由於濂溪，是在高第滎陽呂公已明言之，其孫紫微又申言之，汪玉山亦云然。今觀二程子終身不甚推濂溪，並未得與馬邵之列，可以見二呂之言不誣也。晦翁南軒始確然以為二程子所自出，自是後世宗之，而疑者亦踵相接焉。

故全氏又謂：

濂溪誠入聖人之室，而二程子未嘗傳其學，必欲溝而洽之，良無庸矣。

這裏是說二程並未嘗直接濂溪的傳統。考明道伊川見濂溪在慶曆六年丙戌，時濂溪在南安，年三十歲。下距其卒尚二十七年，疑《易通書》與〈太極圖說〉，皆應在後。二程之於濂溪，亦僅兩度見面，既不得謂之師事，亦不得謂之從遊。是年冬，濂溪即移郴縣，二程再不與濂溪相見，是全氏之說是也。然據此下明道自述與濂溪兩次見面時情形，則二程之學，確是受濂溪之絕大啟發無疑。

全氏〈明道學案序錄〉又云：

世有疑小程子之言若傷我者，而獨無所加於大程子。

這裏所云疑小程子言若傷我，乃指陸象山。是象山認為二程學說並不全同。其後王陽明著《朱子晚年定論》，頗於朱陸異同有偏袒，但其推尊濂溪明道，則有時還在象山之上。然則此濂洛朱子四家，在思想系統上究竟是同是異，實在值得研究。不佞於他文中，屢嘗指出此四家思想之相異及其先後轉接之線索。本文則旨在指出一兩個大節目，說明此四家思想，雖有小異，仍屬大同。明白得此四家思想之大同處，便更易明白陸王學派與正統派之相異處。

為求敘述簡徑起見，姑從明道〈定性書〉說起。此書在明道鄠縣作簿時，年猶未三十，實是明道早年思想，最可由此窺其學問之來源。〈定性書〉中重要的一段說：

天地之常，以其心普萬物而無心。聖人之常，以其情順萬物而無情。君子之學，莫若廓然而大公，物來而順應。與其非外而是內，不若內外之兩忘也，兩忘則澄然無事矣。無事則定，定則明，明則尚何應物之為累哉？聖人之喜，以物之當喜。聖人之怒，以物之當怒。是聖人之喜怒，不繫於心而繫於物。

劉蕺山云：

此伯子發明主靜立極之說，最為詳盡而無遺。

是說明道此文，乃根據濂溪〈太極圖說〉主靜立人極的意見。此話若頗有理。但明道為鄠縣主簿時，濂溪年四十三，在合州，下距其卒尚十四年。其時濂溪應尚未有〈太極圖說〉。果明道本〈太極圖說〉立論，此下不應絕不提起。竊觀明道此文，顯屬別有來歷。明道自云：吾學雖有所授受，天理二字，是自家體貼出來。古書中惟《小戴記．樂記篇》有天理二字。其文曰：人生而靜，天之性也。感於物而動，性之欲也。物至知知，然後好惡形焉，好惡無節於內，而知誘於外，不能反躬，天理滅矣。應大體本是。魏何晏（平叔）創為聖人無喜怒哀樂論，鍾會（士秀）諸人皆述之，王弼（輔嗣）獨與不同，謂：

聖人茂於人者神明，同於人者五情。神明茂，故能體沖和以通無，五情同，故不能無哀樂以應物。然則聖人之情，應物而無累於物者也，今以其無累，便謂不復應物，失之多矣。

是何晏主聖人無喜怒哀樂，而王弼則主聖人同有喜怒哀樂，惟與眾人異者，乃在其雖有喜怒哀樂而不為喜怒哀樂所累。明道〈定性書〉，似與王弼意相近。明道說，以其情順萬物而無情，則非無情也，此情亦可謂之即性即理，故曰無情。黃梨洲特為此語下分疏，他說：

此語須看得好。孔子之哭顏淵，堯舜之憂，文王之怒，所謂情順萬物也。若是無情，則內外兩截，此正佛氏之消煞也。無情只是無私情。

梨洲意，無情應作無私情解，情兼內外，若在內部心上增添些子，此即不順物，即私非理。明道又云：

風竹是感應無心，如人怒我，勿留胸中，須如風動竹。德至於無我者，雖善言善行，莫非所過之化也。

此云無我，即無私，這裏明道特指怒之一事為言，〈定性書〉中亦云：

人之情易發而難制者，惟怒為甚。第能於怒時遽忘其怒，而觀理之是非，亦可見外誘之不足惡，而於道亦思過半矣。

此皆著重在治怒上。因喜怒哀樂四者，惟怒最易於應怒之上增加了分數。故曰：風之動竹，感應無心，竹已應了動了，但並非竹之自身起心要動，故曰無心，亦可曰無私情。然與〈樂記〉言反躬之意實不同，而與王弼體沖和以通無之意為近也。則明道實兼融儒道而言之，與濂溪有淵源，而非直承濂溪可知。抑且明道本篇所論實有更當申辨者。孟子言口同嗜於易牙，耳同聽於師曠，目同姣於子都，見孺子入井，莫不有惻隱之心。心之所同然，則同此情，同此理，喜怒哀樂亦莫不有其同，此即情之公，一若其在物而不在我。明道言，以有為為應迹，以明覺為自然，弗自私，毋尚智，從孟子此等處言，義可相通。陽明言，見父自然知孝，見兄自然知弟，人之良知，亦即心之同然。然人生遭遇，若有不盡於此者。如舜之父瞽瞍，而舜能善盡其孝，則不當仍以有為為應迹，明覺為自然說之矣。而且又何以內外兩忘澄然無事說之。孟子又曰：人少則慕父母，知好色則慕少艾，有妻子則慕妻子。仕則慕君，大孝終身慕父母，五十而慕者，予於大舜見之，此豈亦僅以有為為應迹，明覺為自然乎？且亦非內外兩忘所能達。故明道橫渠之言定性，終似與孟子言盡性尚有辨。明道必言性無內外，然性終在己，必反己求之。明得此性而盡之，則非不累於外物之所能盡其意也。故明道乃就當前問題自申己見，來續補孟子所已言，並不是以當前所言來更改孟子所已言。若專據明道此言，不再會通之孟子，則又入歧途。故明道言性無內外，伊川之言格物窮理繼之，窮理乃有當於孟子之盡性，然求之外終亦與求之內有別，此象山所以譏朱子為支離也。然先立乎其大，終不如言致良知，更為簡易明白，而心即理究不如言性即理更為妥愜，斯則程朱較陸王終為與孟子更近也。

明道他處又說：

謝子曰：吾嘗習忘以養生。明道曰：施之養生則可，於道則有害。習忘可以養生者，以其不留情也。學道則異於是。夫必有事焉而勿正，何謂乎？且出入起居，寧無事者。正心以待之，則先事而迎，忘則涉乎去念，助則近於留情，故聖人之心如鑑，孟子所以異於釋氏，心也。

〈定性書〉說內外兩忘，是指忘內外之別言。此處說於道不宜忘，是指當境之順應言。兩語並不相背。若當境而忘，則將如列子所舉宋之陽里華子，此則近於無知。明道只說聖人之心如鑑，明鏡照物，有知則自應有情，但應順乎外面所知，不自己增加了些，妍則妍，媸則媸，是有情猶無情也。今再以伊川言證之。伊川說：

> 舜誅四凶，怒在四凶，舜何與焉？蓋因是人有可怒之事而怒之，聖人之心本無怒也。譬如明鏡，好物來時便見是好，惡物來時便見是惡，鏡何嘗有好惡也？

是單論心則無怒，應於物而有怒，故不當拒外。試再證以程門後學楊龜山之言。龜山說：

> 《中庸》曰：喜怒哀樂之未發謂之中，發而皆中節謂之和。學者當於喜怒哀樂未發之際以心體之，則中之義自見。執而勿失，無人欲之私焉，發必中節矣。發而中節，中固未嘗忘也。孔子之慟，孟子之喜，因其可慟可喜而已，於孔孟有何哉？其慟也，其喜也，中固自若也。鑑之照物，因物而異形，而鑑之明未嘗異也。莊生所謂出怒不怒，則怒出於不怒，出為無為，則為出於不為，亦此意也。若聖人而無喜怒哀樂，則天下之達道廢矣。

這裏龜山亦明明主張聖人有喜怒哀樂，吃緊則在未發之中上。喜怒哀樂發而易偏。方其未發，則停停當當是個中。所以未發之中，便像是一個無喜怒哀樂的境界。這一境界叫做中。心在這境界時，便如明鏡般，能照而無照。保得此境界，於是始可有發而中節之和。此心一發，便有喜怒哀樂，但是應物而來，所以說是和。和還只是中。換一句話說，那時喜怒哀樂雖已發，而還如沒有喜怒哀樂。何以故，因其喜怒哀樂起在物而不在己。己之所有，仍此未發之中。喜因物之可喜，慟因物之可慟，於孔孟何有，這如說不在孔孟心上。外物未來，此心便是澄然無事，便是鏡何嘗有好惡。明道說：「遽忘其怒而觀理之是非。」則此怒應稱為理。動亦定，靜亦定，即如此。這是程門宗旨。

我們把握上述分析，其實心無不應物之時，亦無不應物之心，但程門把來分說，好叫人對此心更易明。大體二程意，性屬先天，情屬後天。人生而靜以上是天理，感物而動以下則易有人欲。情則在此性與欲之間。一任其天則是理，加進了人則近欲。故明道自言，見周茂叔，每令尋孔顏樂處所樂何事。明道好田獵，自謂已無此好矣。茂叔曰：何言之易，但此心潛隱未發耳。十二年後復見獵者，不覺有喜心，乃知果未也。此乃明道確受濂溪啟發處。根據此故事來讀〈定性書〉，則明道真意顯豁呈露矣。若必謂明道親見〈太極圖說〉，則終無明證可據。而濂溪接見二程時，其學已定，雖未有《通書》與〈太極圖說〉之著作，然教二程尋孔顏樂處所樂何事，則所學方向端的已定，其主靜立人極之意殆已存立，後人又必謂濂溪〈太極圖說〉淵源方外，此皆未得古人真相也。呂氏《童蒙訓》述伊川言：

愛惟仁之一端。喜怒哀樂愛惡欲，情之非性也。

此是程門明白說性與情別，欲與情近之證。喜怒哀樂皆屬情非性，情則常動，故求定性，不能有喜怒哀樂愛惡欲之相擾。劉蕺山謂〈定性書〉乃發明濂溪主靜立極之說，真屬有見。濂溪自注云「無欲故靜」，今明道伊川之說情字，主要在說明濂溪所謂之無欲。但從此發揮，又另有許多問題發生。明道明說，情順萬物而無情，亦可謂其近於何平叔，梨洲雖以無私情釋之，然從來亦無公情之說，要之明道似不重此情字。伊川又明明說情非性，今再續其論愛與仁之辨。從來亦皆以愛說仁，即《論》、《孟》已然。而伊川則曰：

孟子曰：惻隱之心仁也，後人則以愛為仁。惻隱固是愛，愛自是情，仁自是性，豈可專以愛為仁。

又說：

仁之道，只消道一公字，公即是仁之理，不可將公便喚做仁，公而以人體之故為仁。只為公，則物來兼照，故仁所以能恕，所以能愛，恕則仁之施，愛則仁之用也。

此處伊川以仁為性，以愛為情，性屬體，情屬用，故必分別仁愛，謂不當專以愛為仁。避去愛字，換上公字，即明道所謂廓然而大公，物來而順應。順應即有情若無情，濂溪說「明通公溥」，大體愛在情一邊，公在理一邊。愛偏在動，公偏在靜。廓然大公，便是未發之中，便是靜。然理中有性亦有情，有公亦有私，有動亦有靜，偏卻一邊說，終似未允。

今問何以又由靜轉到動？這裏便該說到二程之說感應。明道說：

> 寂然不動，感而遂通天下之故者，天理具備，元無欠少，不為堯存，不為桀亡，父子君臣，常理不易，何嘗動來。因不動，故言寂然。惟不動，感便感，非自外來也。

此一節話，頗費分疏。似明道釋理字，頗偏靜一邊，故曰：我心雖感而未嘗動，又曰感不自外來。因我心之感以理，理則自在，故雖動而未嘗動。又理合內外，故說感不自外來。若說我心以情感，情落在我一邊，自見感之由外。由其感於外而內動我情，此即分內外，又不得謂之不動。後來伊川也說：

> 寂然不動，萬物森然已具。感而遂通，感則只是內感，不是外面將一件物來感於此也。

又說：

> 寂然不動，感而遂通，此已言人分上事。若論道，則萬理皆具，更不說感與未感。

此等處二程認天地間只有一理，平鋪滿足，無內外，無動靜。則更不需說感應。但伊川又說：

> 天地之間，只有一個感與應而已，更有甚事。

其實此條仍與前引各條語異而義同。天地間只此一理，故如是感則如是應。鳶飛魚躍，活潑潑地，是其境界。如是則二程的感應論，正正像是一種無情論。明道又說：

> 心磊磊在腔子裏。

試問此語指的什麼。正因無內無外，寂然不動，故見我心常在腔子裏。不動故曰磊磊。若果外面有感，內動我情，引向外去，這便成放心。心放了，便不在腔子裏。便不磊磊，這豈不又是一個主靜立人極嗎？但亦只可謂二程得濂溪之啟發而自臻此悟，決非二程親受濂溪書而加以發揮也。抑且二程意是否即是濂溪意，此處亦有辨。濂溪之主靜立人極，似謂人當站定在人的地位上來合天，二程則把天理太看重了，似不免忽略了人的地位。人也可去感外感天，不是專來應天與外之感。而且性無內外語，亦大可商榷。明道意，似乎欲矯釋氏專一向內之病，而故意牽向外去，又牽得太過份了。一面既不分內外，而一面又要應應無心。在我無心，而在外又全部不加拒絕，於是在我則只有應，更無感，似乎人生如此，亦就大有問題。

因感不感又牽連到發不發。《中庸》喜怒哀樂之未發，這是程門最愛特提的話頭。上面已引楊龜山一番話，此後到朱子，對未發之中經過許多精微的辨析，此處不詳述。姑舉一條如云：

> 四端之未發，雖寂然不動，其中自有條理，自有間架，不是儱侗都無一物。所以外邊纔感，中間便應。如赤子入井之事感，則仁之事便應，而惻隱之心於是乎形。

這一條，朱子也徑說外邊感，中間應，由外感，由內應。只分內外，有感應，似較二程說法更平易，更接近常識的看法。但朱子此番話，精神上仍是二程傳統。他們似乎看人生只有應，沒說到有感。感是主動，應則是被動。所謂順應，亦是後天被動也。他們所謂感，只是物來感我，由外感內，更不說我去感物，由內感外。正因由我感外，便是動，便是私，便似落在情一邊，便非廓然之大公，便非寂然而不動。照這一點說，程朱意見還是一貫。程門言性，替出愛字，換上理字，言仁，替出愛字，換上公字。看人性成一靜的物事，於是乃有伊川「性即理也」的主張。朱子在這些大節目上，並未有改變更動。他們都沒有孟子「如火始然如泉始達」，《中庸》「溥博淵泉而時出之」的一種境界。這是宋儒理學正統，所由與先秦儒相異處。追尋根源，亦可說全是濂溪主靜立人極的一派。只從此一大條理，便可把周程朱子四家思想綰成一線。但若說濂溪主靜，亦有動的一面，故曰志伊尹之所志，學顏子之所學，而二程對伊尹所志一面似疏了。此說則應由後人再來尋討。

今再說「性中只有仁義禮智信，曷嘗有孝弟來」的說法，這又是程門一番極新鮮而又極費分疏的理論。正因孝弟只是對父兄長上的一番愛情，程門言性似乎要避卻情，避卻愛，則演繹引伸，不得不說性中無孝弟。後來黃百家〈求仁篇〉闡述此層說：

> 後儒謂性生於有生之物，知覺發於即生之後。性，體也。知覺，用也。性，公也。知覺，私也。不可以知覺為性。愛親敬長屬乎知覺，故謂性中無孝弟，而必推原其上一層。不知性雖公共之物，而天命於人，必俟有身而後有性。吾身由父母而生，則性亦由父母而有。性由父母而有，似屬一人之私。然人人由父母而有，仍是公共之物。夫公共之物，宜非止以自愛其親。然人人之所以自愛其親，正以見一本大同之道。

黃氏這一節話，指出了宋儒論性癥結。一則指性乃在父母未生以前，所謂人生而靜以上不容說也。二則指性乃一公共之物，此即程張所謂天地之性，義理之性。及其一涉父母既生之後，便墮落在形氣中，便在小我身上，即程張所謂氣質之性也。氣質之性，不是性之本，這一理論，似由深受佛家影響，遂與先秦儒大異。因此孟子指惻隱之心為仁之端，謂由惻隱之心引出仁之端來，這是由情見性。程朱則說成仁之端為惻隱之心，謂由仁之端生出惻隱之心來，這是由體生用。此是一大分別。

讓我們由此再轉到五性之說。伊川在太學，有〈顏子所好何學論〉，謂：

天地儲精，得五行之秀者為人。其本也真而精，其未發也五性具焉，曰仁義禮智信。形既生矣，外物觸其形而動於中矣，其中動而七情出焉，曰，喜怒哀樂愛惡欲。情既熾而益蕩，其性鑿矣。是故覺者，約其情使會於中。

這些話，顯與濂溪〈太極圖說〉極相似。所謂：

惟人得其秀而最靈，形既生矣，神發智矣，五性感動而善惡分，萬事出矣。聖人定之以中正仁義而主靜立人極焉。

伊川此文作於早歲，豈非其學術源頭，確本濂溪。今可謂濂溪接見二程時，應未有〈太極圖說〉，然不得謂絕無〈太極圖說〉中之見解。二程既接聞其語，則他日所言，自不害有相近。以後黃晦木〈太極圖辨〉力駁之，他說：

性一也，分天命氣質為二，已屬臆說，況又析而為五。感動在事不在性，四端流露，觸物而成。即以乍見孺子入井論之，發為不忍乃其仁，往救乃其義，救之而當乃其禮，知其當救乃其智。身心相應乃其性。焉有先分五性然後感動之理。

又說：

仁義者，性之大端。循是而行謂之道，然恐其行之也不免於過不及之差，則聖人之教，使協於中而歸於正。今以中正仁義對言，而中正且先於仁義，則在天命之性，率性之道，修道之教之三言者，何所施耶？謂性有善惡，而仁義待乎聖人之所定，此告子杞柳桮棬之說也。

晦木這一段辨論，極爽快。但濂溪說的五性，乃指火水金木土而言。伊川說五性，始指仁義禮智信。把仁義禮智信分配於水火金木土，在漢儒已然。朱子又詳為發揮。所以也可說，濂溪的五性說確已包孕有伊川的五性說。總之只要說到五性，明明已是氣質之性，而非程張所謂的天地之性。濂溪謂聖人定之以中正仁義而主靜立人極，亦可謂中正仁義只人性所有，非萬物並有。萬物與人生皆屬後天，先天中有此中正仁義否，濂溪似未強調此主張。但伊川則明白認仁義禮智信為五性，以喜怒哀樂愛惡欲為七情，認五性在父母未生以前，人生而靜以上，而七情在父母既生感物而動之後。這一分別，濂溪是否先有，宜再討論。而下及朱子，則大體與二程相差不遠。二程固是早歲曾受濂溪之啟發，但後來自得道真，於濂溪不甚稱道。故思想線索雖仍自一貫，而不能謂無異。直到朱子，始確然推尊濂溪，以為二程所自出，這亦是朱子之特識，而細節異同，朱子似未及。即在二程間，亦有細節之異。劉蕺山說：

> 小程子大而未化，然發明則有過於其兄。

其實朱子發明更過伊川。他的理氣論，乃為直接周程而綜合之的最要理論。他的理氣論似可會合先後天為一，而仍不免分先後天為二。此外四家復有種種異同出入，只是在大節目上，其主要血脈處，則一氣相承。這裏便見宋儒理學正統精神。而其各別相異處，則仍宜仔細推尋。

關於朱子發明更過周程處，其主要更在挽合周程上通孔孟處，此篇中不擬詳說，姑拈愛與仁之辨一層為例。朱子〈答張敬夫〉說：

> 程子言仁，本末甚備。撮其大要，不過數言。蓋仁者生之性，愛其情也，孝弟其用也。公者所以體仁，猶言克己復禮為仁也。……今不深考其本末指意之所在，但見其分別性情之

異，便謂愛之與仁了無干涉，見其以仁為近仁，便謂直指仁體最為深切。殊不知仁乃性之德而愛之本，因其性之有仁，是以其情能愛。但或蔽於有我之私，則不能盡其體用之妙。惟克己復禮，廓然大公，然後此體深全，此用昭著。……程子之言，意蓋如此。非謂愛之與仁，了無干涉，（朱子自注性發於情，情根於性。）……非謂公之一字便是直指仁體也。

又云：

細觀來喻，所謂公天下而無物我之私，則其愛無不溥矣。不知此兩句甚處是直指仁體處。若以愛無不溥為仁之體，則陷於以情為性之失。……若以公天下而無物我之私便為仁體，則恐所謂公者，漠然無情，但如虛空木石。雖其同體之物，尚不能有以相愛，況能無所不溥乎？……須知仁是本有之性，生物之心，惟公為能體之，非因公而後有也。

又云：

由漢以來，以愛言仁之弊，正為不察性情之辨，而遂以情為性耳。今欲矯其弊，反使仁字汎然無所歸宿，而性情遂至於不相管，可謂矯枉過直，是亦枉而已矣。

又朱子有〈仁說〉一篇，大意謂：

天地以生物為心者也，而人物之生，又各得乎天地之心以為心。故語心之德，雖其總攝貫通，無所不備，然一言以蔽之，則曰仁而已矣。故……此心也，在天地則塊然生物之心，在人則溫然愛人利物之心。……或曰，若子之言，則程子所謂愛情仁性，不可以愛為仁者非歟。曰：不然。程子之所訶，以愛之發而名仁者也。吾之所論，以愛之理而名仁者也。蓋所謂情性者，雖其分域之不同，然其脈絡之通，各有攸屬者，則曷嘗判然離絕，而不相管哉？吾方病夫學者誦程子之言而不求其意，遂至於判然離愛而言仁，故特論此以發明其遺意。而子顧以為異乎程子之說，不亦誤哉？

據上引，見朱子對於情性同異問題，實極費心思來迴護二程，而把二程缺點，大體上可彌縫的都彌縫了。朱子又常引用張橫渠的心統性情說，謂：

性者心之理，情者心之動。

又說：

> 情是性之發。
> 求靜於未始有動之先而性之靜可見。

這裏一面是說合情性，一面是說分情性。一面主張性即理，在靜的一邊。但理無不附於氣，則理亦無不動。但必要求理於未始有動之先，則還是一個父母未生以前，人生而靜以上，還是主靜立人極。黃梨洲則云：

> 凡人氣聚成形，無一物帶來，而愛親敬長，最初只有這些子。後來盛德大業，皆原於此。故曰：孝弟為仁之本。集注為仁猶曰行仁，謂性中只有個仁義禮智，曷嘗有孝弟來，蓋以孝弟屬心，心之上一層方纔是性，有性而後有情，故以孝弟為行仁之本。愚以謂心外無性，氣外無理，如孟子曰：惻隱之心仁也，蓋因惻隱羞惡恭敬是非而後見其為仁義禮智，非是先有仁義禮智而後發之為惻隱羞惡恭敬是非也。人無此心，則性斷滅矣。是故理氣之說，其弊必至於語言道斷，心行路絕而後已。

這一番辨論，本極剴切，定要說氣外無理，實不如朱子說理氣之圓而允。又其對明道〈定性書〉迴護曲解。明道說無情，梨洲說只要無私情。不知程朱之有一脈相通而各別相異處，探討仍未入細。南宋葉水心有云：

〈定性〉皆老佛語，程張攻斥老佛至深，然盡用其學而不知，以《易》大傳誤之，而又自於《易》誤解也。

此則直對明道〈定性書〉坦白攻擊。然水心幾乎是跳出當時理學界圈子的人了。在當時理學界，影響並不大。至於陸王兩家，雖對伊川性即理，朱子理先於氣諸說，頗加駁難。但兩人對明道，陽明對濂溪，都無非辭。因此在這裏，常隱藏著一條走廊，王門後學也不免常落到體先用後性先心後的窠臼裏。仍要去追尋到父母未生以前，人生而靜以上之一境，仍是要主靜立人極，依然像在看喜怒哀樂未發以前氣象，依然想一旦把柄到手，可以情順萬物而無情，這是陸王學派，到底未脫淨程朱正統派的牢籠處。不知情之既熄，而高言夫理，以定性而制行，則宜乎有清儒如戴震之所謂以意見殺人之譴責。這裏最重要的，是一個體用之辨，是一個先後天的界線，這一分辨，並非不可有。周程朱一脈在此上便形成了在宋代理學上之正統地位。主要在其分別之圓通與活絡之程度上。這一篇文章的用意，不過在指出這一點來叫學者們注意。

茲再縱而言之。自孔子下傳孟荀有儒家，自孔子上溯周公有五經。漢代罷黜百家博士，專立五經博士，《孟子》博士亦遭罷黜。孔子《論語》，僅為小學教科書，太學博士專授五經。因此漢儒之微言大義，通經致用，著眼點重要在政治與歷史，以上跨暴秦，回復三代。孔子素王，為漢制法，所爭在上層政治制度，尤急於下層之社會人生。魏晉以下，王統中輟。莊老代興，隨之佛教東來，社會下層人生之領導權，乃操於道釋之手。唐代恢復兩漢之治統，惟道統則仍不在儒而在釋。中經五代喪亂，宋儒所求恢復者，不僅漢唐之治統，更主要者，在孔子以下儒家之道統。然如歐陽永叔之〈本論〉，以及慶曆熙寧之變法，先急仍在上層政治。濂溪沉淪下僚，迹近隱逸，多親方外，其注意力乃更偏於人生方面。其運思為學之主要對象，為老聃與釋迦。所爭在人生哲學之領導權，而上層政治制度，轉居次要。以此遂成此下理學新興之開山，而被認為宋學之正統。此為宋明儒與漢唐儒之主要分歧點，此層最當注意。

惟濂溪所重，在如何由道釋而返之儒。此乃人生一大轉嚮。最要精神，在當時之現實人生上，而稽古非所急。故其所為〈太極圖說〉，根據《周易》，而《易》言太極，無無極，濂溪增入之。又《易》言天行健，君子以自強不息，而濂溪乃曰主靜立人極。此非濂溪必欲違反《周易》以自立說，更非濂溪必欲引進老釋之言以自廣。在濂溪之當前人生上，認為惟此乃為一正當適切之出路。濂溪之意，亦如此而已。

明道在熙寧時，屢上書論政，又曾助荊公推行新法，此仍是前期宋儒意態。後始轉變，一意在人生問題上作研討。伊川為其兄行狀有曰：

先生之學，自十五六時，聞汝南周茂叔論道，遂厭科舉之業。而求道之志未知其要，泛濫於諸家，出入於老釋者幾十年，返求諸六經而後得之。

可徵明道之學淵源濂溪，其弟伊川已明言之。濂溪雖言志伊尹之所志，然曰學顏子之所學。其志固不忘政治，其學則固在人生。故其告二程，尋孔顏樂處所樂何事，此即學問在人生尤先於在政治之明訓。范希文為秀才時，以天下為己任，胡瑗講學，分設經義治事兩齋，孫復著《春秋尊王發微》，凡初期宋儒所重，尤在政治，更重於人生，顯自與濂溪有異。故文彥博之題明道墓有曰：

周公沒，聖人之道不行。孟軻死，聖人之學不傳。道不行，百世無善治。學不傳，千載無真儒。無善治，士猶得以明夫善治之道以淑諸人，以傳諸後。無真儒，天下貿貿焉莫知所之，人欲肆而天理滅矣。

漢唐儒志在求善治，即初期宋儒亦如此。而理學家興，則志在為真儒。志善治，必自孔子上溯之周公，為真儒，乃自孔子下究之孟軻。此乃經學與儒學之別。由漢唐經學轉而為宋明儒學，其途實自濂溪啟之。故二程兄弟聞周茂叔論道，遂厭科舉之業。此是學術意態與途轍上之一大轉變。孔子讚顏淵，用之則行，舍之則藏，濂溪二程之學顏子，蓋尤更重在舍之則藏之一面，一則有佛老之挑戰，一則為新政之懲戒。故濂溪二程論學，終不免近似消極。孔子當時，本對政治抱有一番興革之宏願。其後封建政體崩潰，統一政府興起，漢唐諸儒，自不免在用之則行一面用心而於舍之則藏一面則忽略了。於是老釋乘之，在朝在野，人生分成兩截。宋代上承漢唐，在政制上可無大興革，而日常人生，對老釋之挑戰，不能不有應付。則周程學統，實亦不得目之為消極。若善觀於北宋晚期之世變，上通之孔孟大道之傳統，宜亦可不流於偏陷也。夫既在志求道，在實際人生上覓出路，則不得不出入老釋，此自當時實際人生有如是。以當時實際人生固在老釋也。而明道之返求諸六經而後得之者，亦是其在當前實際人生上之所得，非循章蹈句，隨文逐字，而可得之於書冊者。

故明道謂：

吾學雖有所授受，只天理二字，卻是自家體貼出來。

論明道學之所授受，舍濂溪別無可考。然天理二字，不僅濂溪未言，即六經《語》、《孟》亦無之。只《小戴記．樂記篇》一見。此非明道必欲自創新見。惟欲自創新人生，則非自心親有體悟不可。故濂溪明道之學，實是創新之功為多，而稽古之功為少。處此時代，則實有其不期然而然者。惟人生新途徑，即由老釋返孔孟之途徑，既由兩人創闢，則後有隨者，於此新途徑之所嚮往，自當有繼續鑽研之功。故愈後則創新愈少稽古愈多。伊川承濂溪明道之後，其稽古之功，乃較兩人為益進。

後人有言：

明道不廢觀釋老書，與學者言，有時偶舉示佛語。伊川一切屏除，雖《莊》、《列》亦不看。

此雖或言之過甚。然濂溪明道，不得不於釋老書多所涉歷，朱子謂不看，無緣知他道理也。但到伊川，新路向已定，看釋老書自不如看儒書更重要。伊川又言：

僧家讀一卷經，便要一卷經道理受用。儒者讀書，卻只閒讀了，都無用處。

是謂僧人讀佛書受用，儒者亦當讀儒書受用也。故自伊川起，其學乃轉更向內，轉向儒書一邊來。

明道有言：

聖人用意深處全在〈繫辭〉。《詩》、《書》乃格言。

但伊川又云：

〈易繫辭〉所以解《易》。今人須看了《易》方始看〈繫辭〉。

兄弟意見相同，而立言有不同，此亦明道所謂自能尋向上去，下學而上達也。伊川著《易傳》，此為自濂溪明道唱導新儒學即理學以來第一部特為鑽研某一古經典而有之著作，然亦僅此一著作而已。然伊川乃以兩書接引門人後進，一曰《大學》，一曰〈西銘〉。《大學》在五經、《論》、《孟》之外，僅《小戴禮記》中之一篇，亦向不為漢唐儒所重視。橫渠〈西銘〉，則二程同時朋輩之作品。可見濂溪二程唱導新儒學，其意實欲自創一新系統，以為當前實際人生作指導，固非欲一一遵依孔孟成規以立教也。故其意亦終不重在稽古著書上。

然而此種風氣實有流弊，如二程不稱重濂溪，即其一例。而程門大弟子如謝上蔡楊龜山之徒，其後梢皆流入禪學去。朱子承龜山之四傳，親受業於李延平，然於李延平之教終有不滿。並亦不滿於伊川之《易傳》而著《易本義》，又為《詩集傳》，乃皆自感不滿，至自譬為雞肋。於是乃一意求之孔子之《論語》。自濂溪二程以來，人人尊孔子，排釋老，認為新人生嚮在此。然孔子究何言，所言究何義，實未深切探究，有明白歸一之定論。使人人言自得，各自得於心，而不能建立一共同之師承，則斯道終不明。濂溪二程，意在創新儒學，亦終不脫舊經學圈套，其特重《周易》，即其一例。朱子則移新儒學之重心於《論語》，求為逐章逐句逐字，明白釋之，此雖有似漢唐儒之經學章句，而用意固大別。朱子幾乎乃畢生用力於此，先則多依據二程，繼則擺脫二程，即以《論語》求《論語》。其《論語集注》之最後定本，所采二程語乃不多。此又為濂溪二程以來新儒學之一大轉變。其先只求擺脫釋老，歸向儒學，至是乃於儒學中心孔子一人《論語》一書作首尾貫徹之研尋，此乃朱子對新儒學之新貢獻，實亦是莫大之大貢獻也。

然朱子作此研尋，其本源仍從濂溪二程來，其主要精神，仍在創興一新儒學，以為當前實際人生作領導，故其《論語集注》，終亦與經生章句不同。如其注《論語・八佾篇》獲罪於天，曰：

天即理也。

此一注，大為後代經學儒生所詬笑。朱子寧不知《論語》中凡言天，不可一一以理字釋之，而此處特下此注，正是其承續濂溪二程以來一種新儒學精神之表現，固不得以經學章句之見為嗤也。

自有《論語集注》，繼之以《孟子集注》，又繼之以《學》、《庸》章句，四書之結集乃代漢唐之五經，而成為後代儒者之人人必讀書。故朱子乃始以濂溪二程之新儒學，上綰之於先秦儒，一以孔子為宗而完成一大系統。而朱子遂為中國儒學史上繼孔子而起之集大成者，亦以此也。

惟自濂溪明道以下，宋儒新傳統，究自有其一番創新精神，伊川濟之以稽古，朱子益進，遂若稽古有過於創新，陸王繼起，皆於此有不滿。然陸王雖與伊川朱子相敵對，終於濂溪明道不失其崇重之意。治宋明理學史者，必當於此一番演進有瞭解，乃可不蹈於門戶之習，而於此諸家，乃可得見其共通處，又見其各別處，而後可以進而判別其是非得失之所在也。

又按：司馬溫公呂申公嘗言於朝，曰：

程頤之為人，言必忠信，動遵禮義，真儒者之高蹈，聖世之逸民。

此贊伊川，用高蹈逸民四字，濂溪明道，更顯其有此風格。朱子亦在野日多，在朝日少，仍不失此傳統。竊謂理學諸儒所為與漢唐儒宋初儒別者端在此。若使理學諸儒亦一心在善治上，惟求上進於朝廷，以為官行政為務，則社會下層，仍將受釋老領導，甚至在朝當政者，亦無以自拔。南北朝隋唐，史蹟甚顯。大群實際人生之領導權，既在釋老，則善治亦有其限。今自濂溪以至晦翁，所以為理學之正統者，乃在不脫一種高蹈逸民之風，故使社會下層，在實際人生上有一親切之領導，乃群棄老釋而惟儒之歸。後人乃疑理學諸儒多近隱退一路，乃其濡染於釋老方外之證，則不免為目睫之見也。

本篇成於民國三十七年，舊曆戊子元旦，刊載於《學原》二卷二期。縱論以下各節，則補成於民國六十六年，舊曆之中元節，前後相距，適三十年矣。

程朱與孔孟

中國思想之主流在儒家，前有孔孟，後有程朱，影響最大。究竟所講是同是異，此是大問題。陸象山王陽明說程朱異於孔孟。顏習齋戴東原更謂雙方大異。習齋並謂，必破一分程朱，始入一分孔孟。細究之，孔孟程朱確有不同，但同處更多於陸王顏戴，此層不可不辨。

中國人常連說道理二字，亦可說：此乃全部中國思想史上所討論之主題。亦可說：二字涵義不同。孔孟所講主要在道，程朱所講主要在理。今天中國，則已把雙方主要混合一起了。

莊老所講，主要亦都在道。整個先秦乃至兩漢，亦都講道。莊子較多講到理，荀子韓非亦偶而提到理，漢代人或把理即註作道。但自魏晉南北朝下迄隋唐而至宋，便轉而多講理。今姑先把此兩字作一簡要分析。

莊子說：道行之而成。韓愈說：由是而之焉之謂道。此乃道字一最簡明的解釋。道是人走出來的。所走路不同，便是道不同。因此有所謂天道人道，又有所謂王道霸道，大道小道。堯舜之道與桀紂之道，君子之道與小人之道等。所以有道不同，不相為謀，即以其人之道還治其人之身，及道並行而不相悖諸語。

首先特別提出理字者，為三國時王弼。彼云：物無妄然，必由其理。是說一切事物，都有其所以然，即理。又云：統之有宗，會之有元。此是說，許多理，並不是零碎散亂的，可以找出其系統端緒來，而使之會歸於一的。由此說之，天地創始也是一理，王弼早把理字地位暗暗替代了古人相傳天字的地位。這在思想史上，不可不說是一大進展。

郭象註《莊子》，更多講理字。雖《莊子》原書原有此字，但讀者細玩郭註，與《莊子》原文相較，便知二者間顯有不同。佛家如竺道生，講頓悟，亦根據此理字。他說，理不可分。要明白此理，便該全悟，非逐漸地分層悟，這便是頓悟了。

依據上述，理是一所以然，道是一已然，或說成然，乃是待其形成而始見其然的。孔孟講道，則在已然中舉出其常然來，或許亦即是當然了。

理則是一種先在的。王弼所謂物無妄然，必由其理，理便是先物而在了。因此，人只能發現理，不能創造理。理固必經事物而表現，但像是先事物而存在，朱子特別強調此講法。所以他主張天地只是一氣，而依理論之，則理又宜在氣之先。如說有上帝來創造此世界，也只能依此理來創造。而且此上帝，亦必依此理而有。所以朱子說：天即理也，他實是沿襲著王弼，把理來替代了天。

若說道，則非先在，乃是完成。人所行是人道，天所行是天道，《莊子》書中也多如此說。老子則說道生天生地，此成道字異解，所以王弼要把理字來替代，如說二加二等於四，此亦是理。但須二加二始見出。二上加二是道。道中見理，理已先在，非由道所完成。故曰明道行道善道宏道，道皆須人事來完成。若說天道，便在言外先承認了一天，天在主動，由天來完成道，所以稱天道。但性與天道為孔子所不言，門弟子莫得聞。孟子曰：莫之為而為者謂之天。可見孔孟皆不重言天。孔孟言天，必落實到人事上，故孔子重言命。與命與仁，仁屬人而命屬天。又曰：不知命，無以為君子。但孔子自言五十而知天命，則天命不易知，於是孟子遂易之言性，性即天之所命於人者。性與命皆已先在，則孔孟之言性命，實已下開宋儒言理之先聲。

《易傳》言：形而下者謂之器，形而上者謂之道。此兩語亦有先後次序。先有形而下之器，始見形而上之道。凡天地間一切形器，皆有變化，此變化即是道。形器可捉摸，故說形而下。變化不可捉摸，故說形而上。亦可說：理乃規定形器者，道則完成形器者。故理是一而道則多。理屬靜定，存在而不變。道屬變動，不居故常。故理屬可知，而道則不可知，待人之行為一步步形成。道不可知，故天亦不可知。故《易傳》以道為形而上。宋儒言天理，理可知，則天亦可知，形而上亦可知。形上形下無大分別，此即周濂溪之無極而太極也。

道，有天道，有人道，而無物道。因道必有一主動，物之在天地間，皆順理而動，無主動可言。理屬靜定，不經造作，故程朱言理，有天理，有物理，但不言人理。因人在天地間，既是一存在，而更貴有造作。知理斯能造作，亦能主宰。故言道，可把天道統攝了物道，莊家道家站在此一邊。言理則要把天理統攝人理，程朱思想則站在這一邊。故明道言，天理二字，是他體貼出來也。其實孔孟言性命，自宋儒言之，亦即天理。惟孔孟從性命向下言到道，便把物的一部分忽略了。宋儒從性命向上言到理，則物的位置便顯。橫渠〈西銘〉言，民吾同胞，物吾與也，大抵孔孟注重前一語，不注重後一語。〈易繫傳〉言形而下，亦舉器不舉物。此亦是先秦儒與宋儒不同處。惟《中庸》多言物，故宋儒言孔孟，必兼闡及於《中庸》。

孔子曰：五十而知天命，朱注：即天道之流行而賦於物者，乃事物所以當然之故也。命為天道，可謂是孔子意，但謂其賦於物，似與孔子意不同。孟子言性，亦僅言人性，《中庸》始兼及物性。孔孟及《中庸》，所言亦遞有變，則何害於程朱之續有變。抑且孔孟言命，或是命其為此，或是不許其為彼，似乎命是一種外在的力量，今朱子言事物所以當然之故，則命賦於物，即在物內，命在物之自身而不在外，即亦無命可言。故宋儒頗不重言命字。張橫渠言，為天地立心，為生民立命。為往聖繼絕學，為萬世開太平。孔子言知命，而橫渠乃言立命。此即濂溪所謂主靜立人極也。《易・乾文言》，天行健，君子以自強不息。但在天道運行中知得一不變之理，便可由人立極，立人道之極，亦即橫渠所謂立命也。然則為往聖繼絕學，仍有一繼字工夫，不必依樣畫葫蘆也。

孔子曰：獲罪於天，無所禱也。朱注：天，理也。在孔子心裏，不能謂更沒有一天。但在朱子心裏，竟可謂無有此天之存在。朱子又說：帝是理作主，古人謂天上作主者是帝，朱子似亦不認其存在。故又曰：理者天之體，命者理之用。是則不僅無帝在作主，亦復無天之存在。只有一理遂謂之天耳。故又曰：合天地萬物而言，只是一個理，理無造作，而有規定，故曰命者理之用。如兔無角，非兔之自欲如此，亦非有天帝命之如此，乃理則然也。

孔孟不言陰陽，程朱言陰陽，後人遂謂程朱接受了陰陽家言，此亦不然。程朱只言此一氣之化曰陰陽，更不於陰陽之上有上帝與五天帝，此即程朱與陰陽家言之絕大相異處。故朱子只教人格物窮理，即凡天下之物，莫不因其已知之理而益窮之，以求至乎其極。至於用力之久，而一旦豁然貫通焉。讀書亦格物之一端也。因於孔、孟《學》、《庸》已知之理而益加窮格，此則程朱之所用力也。

《小戴禮》有曰：窮人欲而天理滅。天理二字始見於此，鄭康成注：理猶性也。程朱則云性即理。此一倒轉，而涵義大不同。鄭氏因多見性字，少見理字，故說理猶性。理字涵義暢於後代。

王弼說：物無妄然，必由其理。性只是物之一特徵，人之性與犬牛之性不同，犬之性又與牛之性不同，物性不同，而皆有所由，即理也。故性則別而理則通。程朱窮理之教，可謂於《孟子》、《中庸》教人盡性之上續有引伸。程朱在宇宙論上較孔孟為開發，其於人生論上亦不能不於孔孟有變動。陸王對於程朱所創宇宙論一面，疏忽放棄，其對人生論一面，亦說成輕易簡薄。而顏戴又從人生論一面來反程朱，反而說成反孔孟，而儒家傳統精義，亦全歸漫失了。

程朱將天理人欲嚴格對立，實亦承孔孟來。孔子曰：士志於道，而恥惡衣惡食者，未足與議也。程朱改志道說窮理，此於孔子為引伸。恥惡衣惡食，則即人欲也。孟子曰：養心莫善於寡欲。又曰：生，我所欲也。義，亦我所欲也。二者不可得兼，捨生而取義者也。可見義與欲不同。戴東原《孟子字義疏證》把此一番話忽略了，遂成大錯差。天既欲人之生，又欲人之義，而有時又使二者不可得兼，故孔孟則教人知命，而程朱又教人窮理。窮於理而不欲生，蓋理是大通的，而生則是小別的。孟子曰：盡心知性，盡性知天，此乃窮理之極致。亦人道，亦天道，乃由小別而躋於大通。知人知天，即是知命，而是一種更深的知命，這裏便寓有一種極深厚的宗教信仰與宗教情緒。豈東原專一斟酌於人欲而求其恰好之所能知乎？

朱子曰：

欲生惡死者，雖眾人利害之常情，但欲惡有甚於生死者，乃秉彝義理之良心，是以欲生而不為苟得，惡死而有所不避也。

此乃朱子在人生論方面之盡心工夫，於孟子舍生取義之說，可謂妙得其意矣。朱子又曰：

心者，人之神明，所以具眾理而應萬事者也。性則心之所具之理，而天又理之所從以出者也。人有是心，莫非全體，然不窮理則有所蔽，無以盡乎此心之量。故能極其心之全體而無不盡者，必其能窮夫理而無不知者也，既知其理，則其所從出亦不外是矣。

此條釋孟子知性則知天義，乃牽涉到宇宙論方面，乃不得不與孟子有稍異。朱子曰：天又理之所從出，此為孟子所未言。孔孟本不為一宗教家，本不言必有一天為眾理之所出。若使孔孟復生，未必堅反朱子之說。今朱子言理在眾有之先，而東原言理，乃在群欲之後，然則此群欲何由生，豈天之生人，與以欲而不與以理，如東原之所想像乎。故東原之說，不僅反朱子，並反王弼，亦反孔孟。反程朱而不上溯之於孔孟，則必有此失矣。

朱子釋心字，又曰具眾理而應萬事，惟人有心，而禽獸草木無之。故禽獸草木亦有理，而不能具眾理。此程朱之盡心說，實於孔孟原義更進一層。求孔孟程朱之異者，從此等處闖入，則知其進而益前，而非誠有所異也。

陸王只主張此心，而謂心即理，則似乎謂心中本無欲，又若謂心中所欲皆是理，即本此心以應事，而省卻了一番知心養心工夫。象山言先立乎其大者，陽明言致良知，一切工夫皆在此後，不見有在此前者，此其所為終異於孔孟之教也。

今再言敬字。程朱特言敬，若為有異於孔孟。孔孟認有一天，其對天，不期然而然的有一番敬畏心，此即我所謂一番極深厚的宗教情緒也。人之為學制行，不能僅仗知識，僅為應付，而須兼具此一番宗教情緒與宗教精神，孔孟之為不可及者在此。今程朱言天即理，理則我所知。又曰心具眾理，則理可皆在我。如此則將沖淡人心對外一番深沉的敬畏心，循至於為小人之無忌憚。惟其程朱於孔孟之教有極深的體會，於是乃特提一敬字。人之一切為學制行，徹前徹後，此心必具此體段，是曰敬。敬即人心自然之理。縱使心中無一事，亦不能無此敬。敬不僅即是一種人生態度，實即是整個的人生體段，人生本質也。後人疑程朱言敬，只是一種道德修養規律，實則仍是一種極深沉的宗教信仰宗教情緒也。故程朱思想在當時，終能排拒釋老，而使孔孟舊統重增光明，使後人之尊仰孔孟，乃益增於兩漢隋唐之世，此非程朱之教敬不為功，而豈僅氣耶理耶，心耶性耶，一番言辨空論之所能躋此乎？

陸王言心即理，言良知即天理，把一切外在之理全挽到內心來。推其極而至乎即心即大，即心即聖，聖人亦不稀罕。王學末流，至於滿街都是聖人，端茶童子也即是聖人。惟曰心之精神是為聖，卻不言心之精神只是敬。捨卻一敬字，則成一切空，一切淪入虛無。陳白沙嘗言，吾道有宗主，千秋朱紫陽，說敬不離口，示我入德方，瞭此二十字，乃可與言程朱。

依上所述，程朱所言，有與孔孟異，而無不從孔孟來。後之學者，研程朱，必上溯孔孟，乃不失程朱之所宗。若遺棄孔孟，一尊程朱，則如水無源，如木無根，亦只見其枯竭之不待終日矣。而如清代乾嘉諸儒，尊經學，蔑理學，如木之伐其枝葉，水之窒其流潦，而曰我將以存養其根源，則根源之得養得存者亦幾希矣。此亦古今儒學大消息所在也。

辨性

我常稱儒家思想為德性的一元論，或可云性能一元論，無論其宇宙論人生論皆然。所謂德性一元者，因其一切思想，莫不以德性觀念為中心，由此出發，亦於此歸宿。因此要明白儒家精義，非明白儒家論性的觀點不可。儒家論性，大體就實平正，亦並無甚深微妙晦昧難明之處。惟儒家思想，綿歷二三千年，其對於性的觀點，自身內部便有許多不同。若不分析清楚，糾纏牽混，則好像儒家論性，自有許多糢糊恍惚難明處。玆篇試分儒家論性為四派，其實即分屬四個時期。一孔孟，二《易》、《庸》，三程朱，四陸王，以下按次略說。

一

孔子很少論性，子貢說：「夫子之言性與天道，不可得而聞也。」今《論語》二十篇，只有「性相近習相遠」一語，算是說到性字。但《論語》雖少言性，卻屢言心。《論語》裏最重要的一個觀念，自然要推仁字。孟子說：「仁，人心也。」又說：「仁者愛人。」竊謂千古解說仁字，只此兩語最明白，最乾淨，人人易曉，卻更無賸義。以後朱子說：「仁者，心之德，愛之理。」便承孟子而來。清儒如阮元之徒，想把仁字與心字分開，硬說成仁無關於內心，只見其心勞日拙。因此我們可以說，《論語》論仁，便是論心，而《論語》言心，實亦即是其言性處。《論語》言及人心，最重要是一個仁字，其次如孝弟，此亦言人心也。有子曰：

孝弟也者，其為仁之本與。本立而道生。

此說人類孝弟之心，便是仁心之根本。人類之仁心何由生，即生於其孝弟之心。仁只是愛人，孝弟則是愛父母。天下那有不知愛父母而知愛他人之理。心並非有兩個，仁心與孝弟心，還是一心。說孝弟為仁之本者，譬如一樹之有根幹。仁譬如是樹幹，即樹之本身，孝弟譬如樹根，乃樹之本身發育之最先一步。然不能說樹根不是樹身之一部分。《論語》於孝弟外，又說到忠恕。孔子告曾子曰：「吾道一以貫之。」曾子曰：「唯，夫子之道，忠恕而已矣。」曾子所言雖未經孔子當面印可，然曾子從孔子日久，平常必有所聞，乃始敢為此肯定之說。《中庸》亦云：「忠恕違道不遠。」孔子告子貢，謂有一言而可以終身行之者惟恕乎。可證曾子言夫子之道忠恕而已，縱未必盡當孔子之意，亦必距孔子之意不甚遠。孔子之道，蓋一貫之以吾心，謂之仁可也，謂之孝弟可也，謂之忠恕亦無不可也。仁與孝弟忠恕，同是此心。若以樹譬之，孝弟如樹之根，仁如樹之幹，忠恕則樹之枝條扶疏也。盡己之謂忠，推己及人之謂恕，忠恕只是一心，即人之仁心也。亦即孝弟之心也。對父母兄弟稱孝弟，對一切人稱忠恕，合而言之皆可以稱仁。故又曰：「強恕而行，求仁莫近焉。」孔子既極言仁道，而曾子以忠恕說夫子之一貫，可見其必有當矣。

《論語》言孝弟忠恕，孟子又益之以愛敬。曰：

> 君子以仁存心，以禮存心。仁者愛人，有禮者敬人。

愛敬即是孝弟忠恕也。孝弟只是愛敬其父母。忠恕只是愛敬其倫類而已。故論孝弟忠恕之實際，捨愛敬無他物。而愛敬又只是一心。未有愛不兼寓敬，亦未有敬不兼寓愛者。俗稱嚴父慈母，然豈有敬其父而不寓有愛，愛其母而不寓有敬者。《論語》常以仁禮兼言。仁之發乎外必有禮，禮之本乎內必有仁。若單言之，則人道必由中達外，故言仁即可以兼禮，言愛即可以兼敬也。

上述孝弟忠恕愛敬，皆就人心言，又皆指人心之正面言，即其對別人之好意也。若兼正反面言，則曰好惡。《論語》稱：

惟仁者能好人，能惡人。

《大學》言：

如好好色，如惡惡臭之謂誠意。

《中庸》言：

喜怒哀樂愛惡欲。

此皆兼言好惡兩面。好即愛，愛之反面為惡，然惡亦發於仁，其本心亦即是仁。譬之一物，必具正反兩面，卻不能謂正面是此物，反面即不是此物。說到此處，則仁者人心，而已涉及情與性的地界。宋儒說心統性情，《論語》雖只言心，其實即已包括性，不能說心性乃不相關之兩物。故孔子雖少言性，而後代儒家言性，其大本源，則全出於《論語》也。

到孟子始屢言性，並堅持性善之主張。然孟子論性，其實仍只指點人心之發露呈現處而陳說之而已。故孟子曰：

人之所不學而能者，其良能也。所不慮而知者，其良知也。孩提之童，無不知愛其親者。及其長也，無不知敬其兄也。

此處孟子仍就人心之孝弟愛敬立說，惟稱之為良知良能，此猶說是人之性矣。可見孟子所謂性，即是此孝弟愛敬之心而已。孟子又說：

惻隱之心人皆有之。羞惡之心人皆有之。恭敬之心人皆有之。是非之心人皆有之。惻隱之心，仁也。羞惡之心，義也。恭敬之心，禮也。是非之心，智也。仁義禮智，非由外鑠我也，我固有之也。

《論語》常言仁與禮，又或兼言仁與智，孟子又常兼言仁與義，又以仁義禮智四者兼舉。仁義禮智出於心，即出於性也。此處有一當注意之點，孟子既說無不知，又說皆有之，此層最為吃緊。蓋孟子所謂性，即指人心之無不然與皆有而言。換言之，即指人心之同然處而言也。故曰：

凡同類者皆相似也。口之於味有同嗜焉，耳之於聲有同聽焉，目之於色有同美焉，至於心獨無所同然乎。心之所同然，理也，義也。聖人先得我心之所同然耳。

可見孟子即指人心之同然處，即人心之無不然與皆有處而謂之性。孔子常說人心之仁，人心之孝弟忠恕，孟子則說此等皆只是人心之愛敬，而此等愛敬人之心，與求人愛敬之心，又是人人皆有，人人同然。人心無不知愛敬，能愛敬，且樂得愛敬者，孟子即指此等人人莫不同然皆有之心而稱之曰性。夫既同然而皆有，此即孔子所謂性相近也。惟孟子不僅說其相近，又實說之曰善。仁與孝弟忠恕愛敬豈不善？既為人心之所同然而皆有，其彼我之間又甚相近，此正一切人道之生根發芽處，故孟子之說，實即孔子之說，無甚違異也。

所謂仁義禮智，所謂孝弟忠恕愛敬，皆屬人事，亦皆出于人心，故孟子之所謂性，亦專指人性言。其謂性善者，亦特言人之性善而已。故孟子道性善，言必稱堯舜。堯舜亦人也，所謂聖人與我同類者。告子曰：「生之謂性。」孟子非之，曰：「生之謂性也，猶白之謂白與？」此處之辨，極關重要。犬牛與人同有此生命，卻不能說犬牛與人同有此心靈。犬牛不知仁義禮智，不知孝弟忠恕愛敬，犬牛之心與人類不同，即不能說犬牛之性與人類相似。故只能說人之性善，不能說犬牛之性皆善。故孟子只謂善是性，卻不說生命是性。因說善是性，始見人性之獨特處，若說生命是性，即猶云能知覺運動者是性，則人性與犬牛之性便無甚相異。因人與犬牛同有生命，同能知覺運動，則告子生之謂性一語，至多只說到生物之性，卻未說到生物中之人性。孟子言性善，本就人性言，故不能贊同告子生之謂性之說。其實告子言性，其主要意義亦在說人性，而卻只說得生之謂性，則只說到人與生物之共同處，未說到人對生物之獨特處。如說孔子乃魯國人，此語本不錯，然只說了孔子與其他魯國人之共同處，未說到孔子對其他魯國人之獨特處。孟子則定要說孔子是聖人，便不該把孔子與其他魯國人並列，而應與伊尹伯夷柳下惠或堯舜文王周公並列。故孟子道性善，即以人與堯舜並列，若說生之謂性，則以人與犬牛並列，此處之辨，不可不細剖。

根據上所剖析，可以明白下引孟子一番話的意義。孟子曰：

> 口之於味也，目之於色也，耳之於聲也，鼻之於臭也，四肢之於安佚也，性也，有命焉，君子不謂性也。仁之於父子也，義之於君臣也，禮之於賓主也，智之於賢者也，聖人之於天道也，命也，有性焉，君子不謂命也。

孟子此處提出性命之辨，實也可說是天人之辨，或人禽之辨。孟子之所謂命，我們不妨稱之曰天命，大體上是由於外的成分多。孟子所謂性，我們不妨稱之曰人性，大體上是具於內的成分多。生命之得來，並不由此生命自己作主，自以從外面得來為主，孟子則稱之曰命。德性之完成，則應賴自力，孟子則稱之曰性。禽獸的生活，生命成份多於德性，外造重於自成。人類的生活，則應是德性進於生命，自成勝於外造。故《論語》說「殺身成仁」，孟子亦說「舍生取義」，可見人類可有亦應有為完成其德性而舍棄其生命之自覺，卻不該專因保全生命而破壞了德性。固然德性的根柢亦從生命來，亦可說一般生命中，自有各具的德性，因而禽獸生命中，亦時有其本所具有的德性之流露。然此類只可說是人類德性之雛形或幼苗。而且禽獸只能有生命之自覺，不能有德性之自覺。即說禽獸也可自知自己有生命，卻不能自知自己有德性。若人類之德性，則從生命繼續演進而完成，而人類自身對於此種德性，亦能有一種極深微極清楚而且極親切的內覺與自感。因此人類生命究竟與禽獸不同。禽獸生命偏於外造，即天命的，亦可說自然的。而人類生命中因有此種德性之創出與完成，而此種德性又是內感與自覺的分數多了，因而我們可以說，人類生命比較偏於自成，或說是人性的，或說是人文的。此種生命，確然與禽獸生命有不同。孟子將此人禽所同者稱之曰命，即同屬自然的，而將此人禽所異，即人類生命中之所獨有者，而始稱之曰性，此當為人文的，雖亦同樣可說其是一種自然，而究是一種人生所獨有之自然，此則孟子與告子論性之絕大不同點。

以上說法，一面可以說明孟子性命之辨的意義，同時也可以說明孟子心物之辨的意義。孟子書裏心物之辨到處可見，他說：

體有貴賤，有大小，養其小者為小人，養其大者為大人。

又曰：

耳目之官不思而蔽於物，物交物，則引之而已矣。心之官則思，此天之所以與我者，先立乎其大者，則其小者弗能奪也，此為大人而已矣。

心官與耳目之官，同屬自然，同屬生命之一體，而其間有小大貴賤之別。耳目之官為人禽所同，心官為人類所獨。故曰「天之所以與我」。生命亦天之所與，然天並非以生命專與之人類，故就人類言，獨曰此心乃天之所以與我者。人若專顧養了耳目之官，則僅知有生命，與禽獸何異。若更知顧養心官，則於生命之上並知有德性，始得卓乎成其為人類。故孟子說：「盡其心者知其性也，知其性則知天矣。」因人類之心性，乃天所獨賦於人類，而未以畀之禽獸之凡有生命之屬者，故非盡心知性，亦無以知天之所以與人以獨厚也。

二

現在再把孟子論性大旨，扼要一說，則有兩點最須注意。第一，孔孟論性，專就人性言，並不兼及物性。第二，孔孟論性，乃即就人心之流露呈現處指點陳說。所以於此兩點特須注意者，因此後下及秦漢時代之新儒家，其論性便不如此。此可以《易大傳》與《小戴禮記》中之《中庸篇》為代表而申述之。《中庸》云：「天命之謂性，率性之謂道。」開宗明義，便與孟子意味有別。孟子將性命分別疏說，《中庸》卻把性命混為一談。孟子所說之性重在心，《中庸》所說之性卻重在天。心偏內，演出為人文。天偏外，本之於自然。若照《中庸》說法，以天命為性，則人禽同具天命，便與告子生之為性之說轉相近。所以《中庸》又說：

能盡己之性，則能盡人之性，能盡人之性，則能盡物之性，能盡物之性，則可以贊天地之化育，可以贊天地之化育，則可與天地參。

此處將己性人性物性一串說下，好像人己之間與人物之間同樣沒有多大分別。若在孟子，則說凡同類者皆相似，堯舜與我同類，人己之間誠可謂無大差異，而人物之間則差異甚大。犬牛之性決不能與人之性相提並論。盡己之性，盡人之性，未必即可以盡犬牛之性。而且《中庸》裏的物字，又像並不專指有生物言，應尚涵有無生物。《中庸》似亦認他們有性，然豈得謂只盡得己性人性，便可盡得犬牛之性，乃至一切無生物之性？此在孟子決不如此說，這裏便是孟子與《中庸》言性之大分別處。

今再說「率性之謂道」。當知《中庸》此一道字，並不指的仁義禮智或孝弟忠恕愛敬而言，實乃指天地之化育言。換言之，此《中庸》之所謂道，亦屬自然的，而不盡屬人文的。故曰「道也者，不可須臾離也」，人豈能須臾離此大自然，又豈能須臾離此天地之化育乎？又曰：

中也者，天下之大本也，和也者，天下之達道也。致中和，天地位焉，萬物育焉。

可見《中庸》言道，必極乎天地位萬物育，並不如孟子只說仁義禮智孝弟愛敬。須知仁義禮智孝弟愛敬，只是人道而已，《中庸》則多指天道。天道中自可包有人道，卻不能謂人道即盡得了天道。故《中庸》曰：「君子之道，造端乎夫婦，及其至也，察乎天地。」孔孟皆以孝弟為人道之本，而《中庸》則必以夫婦之道為人道之本，此亦有故。由孝弟推之仁義禮智盡屬人事。由夫婦推之，乃始與天地化育呼吸一氣。《中庸》言道之極，既必察乎天地，故其造端開始，亦必以夫婦之生生化育為主。《中庸》又說：「天地之道可一言而盡，其為物不貳，則其生物不測。」又曰：「大哉，聖人之道，洋洋乎發育萬物，峻極於天。」又曰：「道並行而不相悖，萬物並育而不相害。」可見《中庸》道字，必說到萬物之發生化育，則宜乎謂君子之道必造端乎夫婦矣。孝弟本於人文，夫婦則較多出於自然。故《中庸》雖亦常說孝，而亦復與孟子不同。孟子言孝，只就孩提之童愛親敬長之良知良能言之，《中庸》則必以舜文王武王周公之尊為天子，富有四海之內者為大孝。孟子主從內面說，《中庸》轉向外面說。故處處說來皆可不同。可見《中庸》與《孟子》兩書意味，確乎有別。孟子只言人事，《中庸》所重則偏在天道。因此孟子論性乃專指人性言，《中庸》論性則必兼包物性。孟子論性，即就人心之發露呈現處指點陳說，《中庸》論性，則必從維天之命於穆不已處推說根源。孟子即心見性，《中庸》則必本乎天以見性，其實則為即物而見性，此孟子、《中庸》二者之別也。

〈易繫〉與《中庸》代表同一時代的思想，其態度意趣多相似。故曰：

> 一陰一陽之謂道，繼之者善也，成之者性也。

一陰一陽，則天地萬物有生無生統統包括，如此言性，不僅不專限於人性，亦並不專限於生之性。凡屬天地萬物莫不有性。一物即有一性。不僅犬牛有性，一切無生物亦有性。如火性炎上，水性潤下是也。故曰：「乾道變化，各正性命。」凡屬一陰一陽全是道，凡屬萬物化成全是性。此與《中庸》天命之謂性，率性之謂道極相似。因此〈易繫〉對善字的看法，亦絕與孟子不同。孟子說：「可欲之謂善。」顯指人心人事言。〈易繫〉說：「一陰一陽之謂道，繼之者善也。」善正在此一陰一陽之繼續不斷處。故善即是道，即是天地萬物之發生化育。性則是天地萬物在發生化育中到達了一個完成的階段。完成並非終止停息之意。天地萬物永遠在發生化育，即永遠不斷有其完成的階段。天地萬物一面完成，一面還是繼續的發生化育。大而言之，成陰成陽，即已在一種完成階段中，因此陽有健性，陰有順性。但一陰一陽還是繼承不斷，此即所謂善。所謂至健至順，亦即指此一陰一陽之繼承不斷言。因此性即是善，善即是道，道與善與性實非三物，而是一體。但此處所謂性，顯不限於人性，道亦顯不限於人道，因此其所謂善，亦決不限於人事中之善惡。固然〈易繫〉亦說「成性存存，道義之門」。人事上之道義，還是從性分中流出，但〈易繫〉性字範圍，卻不限於人事間之道義而止。大體上〈易繫〉之所謂性與道，乃與《中庸》同其性質。若用近代語說之，孔孟言性屬於心理的，而《易》、《庸》言性則推極於生理的與物理的。孔、孟言性，只在人生範圍中，而《易》、《庸》言性，則轉屬於宇宙範圍。

三

《易》、《庸》與《論》、《孟》間的分別，形成了古代儒家思想之兩大系統。漢儒見解，多承襲《易》、《庸》。魏晉以下，道釋兩教得勢，儒家思想與彼兩方思想較接近而可以相會通，又可以比量得失者，自推《易》與《中庸》。因此魏晉隋唐時代的儒家思想，依然偏在《易》、《庸》方面。直到宋儒，始再回頭看重《論》、《孟》。但對《易》、《庸》一系的理論，無形中感染甚深，因此常不免將《論》、《孟》、《易》、《庸》兩系思想攪在一起，而自不免在此中間發生矛盾衝突。這一現象，最顯著者便表現在程朱的學說裏。此下先言二程，再及朱子。

二程極尊孟子，然論性頗近《易》、《庸》。第一，二程明白贊成告子生之謂性之說，故曰：

> 告子言生之謂性，通人物而言之也。孟子道性善，極本源而語之也。生之謂性，其言是也。然人有人之性，物有物之性，牛有牛之性，馬有馬之性，而告子一之，則不可也。（《二程粹言》二）

此處謂人有人之性，馬有馬之性，告子一之不可，其意似偏向孟子，而實則不然。伊川他日又云：

> 生之謂性，止訓所稟受也。天命之謂性，此言性之理也。今人言天性柔緩，天性剛急，俗言天性皆生來如此，此訓所稟受也。若性之理也，則無不善也。曰天者自然之理也。

又曰：

> 犬牛人其性本同，但限以形，故不可更。如隙中日光，方圓不移，其光一也。惟所稟各異，

故生之謂性，告子以為一，孟子以為非也。（《遺書》二十四伊川語）

伊川又說：

人之性猶器受光於日。（《遺書》三又《粹言》二）

觀此諸條，可見二程雖亦謂犬牛之性與人性不同，然論其本源卻屬同一。譬如日光，方器受之為方，圓器受之為圓，器上日光有方圓，日光本體並無方圓。在稟受上人禽有別，而在天之與之者言，則本原無二，同是一性。此種性論，較近《中庸》，而與孟子迥異。孟子只就人心見性，《中庸》始從天命見性。今二程謂天命之謂性，此言性之理，則無不善。則性如另是一物，其物至善，落在人身上，則如日光照圓器而為圓，落在犬牛身上，則如日光照方器而為方。如此說來，卻成為是性本至善，限於器物之稟受而有不善。若論本源處，則豈非人性物性同一天命，同無不善乎？此等見解，顯見與告子、《中庸》見解相近，與孟子見解相遠矣。然二程所說，又自與《中庸》有分別處。《中庸》謂天地化育萬物，故物性盡屬天命。如此則把人與物的大分別，似乎漫滅了，此是《中庸》之近於道家老莊處。而二程尊向孟子，注意於人與物之不同，於是還有器受日光之譬喻，如是則成為天所命者只如日光，而那方圓之器又自何來？故張橫渠天地之性與氣質之性之分疏，雖為程朱贊許，到底與孔孟大異，抑且非《易》、《庸》老莊之意，無怪要受後儒之駁難。二程既主生之謂性之說，又主不論有生無生，物各有性之說，此又是《易傳》與《中庸》見解。故曰：

天下更無性外之物。（《遺書》十八伊川語）

如此，則人與萬物同在性之範圍內，為同屬一天命之性。但二程畢竟又要分辨其不同處。此為二程接受孟子之影響，二程所認為人性物性之所以不同，則只在形氣之間。故曰：

形易則性易，性非易也，氣使之然也。（《遺書》二十五伊川語）

伊川又說：

動物有知，植物無知，其性自異，但賦形於天，其理則一。（《遺書》二十四伊川語）

此處又說性異而理則一。理即天命之理，譬之如日光。性即稟受之性，譬之如日光照器而為方圓。然若論日光，則非有二。故二程又常言性即理，如此則性在本源處，在天之授與處，即為理而無不善。其落在稟受之後，則性各異而不能無不善矣。

故照二程之意，若從本源處論，則人與萬物皆屬至善。故云：

萬物皆備於我，不獨人爾，物皆然。都自這裏出去，只是物不能推，人則能推之，幾時添得一分。不能推之，幾時減得一分。百理具在，平鋪放著。（《遺書》二上）

又說：

天地之間，非獨人為至靈，自家心便是草木鳥獸之心也，但人受天地之中以生爾。（《遺書》一）

故又說：

仁則一，不仁則二。（《遺書》三伊川語又《粹言》一）

又曰：

仁，性也。（《粹言》一）

仁者以天地萬物為一體，莫非我也。（《粹言》一）

故若推論至本源處，則人與萬物同一體。換言之，即同一性，同一理，同一命也。此等意見，孟子書中絕未之有。孟子以孩提之童之良知良能說性善，二程則謂：

萬物皆備於我，此通人物而言。禽獸與人絕相似，只是不能推。然禽獸之性卻自然，不待學，不待教，如營巢養子之類是也。人雖是靈，卻椓喪處極多。只有一件，嬰兒食乳，是自然，非學也。其他皆誘之也。欲得人家嬰兒善，且自小不要引他，留他真性，待他自然，亦須完得些本性，須別也。（《遺書》二下）

又曰：

萬物皆有良能，如每常禽鳥中做得窠子極多巧妙處，是他良能，不待學也。人初生只有吃乳一事，不是學，其他皆是學，人只為智多害之也。（《遺書》十九伊川語）

此處謂人性善推，此義自屬取諸孟子。至謂人物相似，而物轉自然，人為智害，此義實近莊周道家。由告子、《中庸》本與道家思想相通，今二程論性既近《易》、《庸》系統，自當與道家相近。故孟子言性善，就孩提之童之愛親敬長言，二程則從嬰兒食乳與禽之營巢言，此即近代生物學上之所謂本能之說也。

惟天地間無不照物的日光，亦無不落稟受的性，故論性不能專從本源處說。所謂「論性不論氣不備，論氣不論性不明」。（《遺書》六又《粹言》二）既論到氣，即不能無不善。故曰：

氣有善不善，性則無不善也。（《遺書》二十一下）

又曰：

生之謂性，性即氣，氣即性，生之謂也。人生氣稟，理有善惡，然不是性中元有此兩物相對而生也。有自幼而善，有自幼而惡，是氣稟有然也。善固性也，然惡亦不可不謂之性也。蓋生之謂性，人生而靜以上不容說，才說性時便已不是性也。凡人說性，只說繼之者善也，孟子云人性善是也。夫所謂繼之者善也者，猶水流而至下也。皆水也，有流而至海終無所汙，此何煩人力之為也。有流而未遠，固已漸濁。有出而甚遠方有所濁。有濁之多者，有濁之少者。清濁雖不同，然不可謂濁者不為水也。如是則人不可以不加澄治之功。用力敏永則疾清，用力緩怠則遲清。及其清則卻只是元初水也，亦不是將清來換卻濁，亦不是取出濁來置在一隅。水之清則性善之謂也，故不是善與惡在性中為兩物相對，各自出來。此理，天命也，順而循之則道也，循此而修之各得其分，則教也。（《遺書》一）

此等說話，極見其周旋為難處。既要如孟子般主張性善，又說氣稟理有善惡，故不得不說成惡亦不可不謂之性，又說成才說性時便已不是性，因此性已落稟受，已有惡的夾雜，故已不是本原至善之性。於是又說孟子說性，只說了一個繼之者善，亦未說到本原的性上。如是則二程所謂本原之性，乃是一懸虛的，不著實際的。落到實際，則陷入了氣的拘限中。如此則就本源言，人禽皆屬善，就氣質言，人亦不能無惡。其所以與孟子相異，則因兼采了《易傳》與《中庸》。惟因二程要遷就孟子，因此把惡的部分諉罪於氣質，如此則不僅異於孟子，亦又異於《易傳》與《中庸》矣。

二程又說氣稟是才不是性，此亦一種遷就之說。其言曰：

> 性無有不善，其所以不善者才也。受於天之謂性，稟於氣之謂才。才之善不善，由氣之有偏正也。木之曲直，其性也。或可以為車，或可以為輪，其才也。然而才之不善，亦可以變之，在養其氣以復其善耳。（《外書》七）

又曰：

> 受於天之謂性，稟於氣之謂才。才有善否，由氣稟有偏正也。性則無不善。能養其氣以復

其正，則才亦無不善矣。（《粹言》二）

此等強分性才之辨，即程門弟子，亦已疑其與孟子不合，當時曾有極詳密的詰問，但程子並不能確切的答覆，只鶻突梭梧過去。（詳《遺書》十九楊遵道錄伊川先生語，此不備引。又《遺書》十八，伊川亦自言才猶言材料，若毀鑿壞了，亦豈關才事，是伊川亦並不能堅持前說也。）其實《易傳》言一陰一陽之謂道，則一陰一陽即本是善，《中庸》言天地之化育，則天地化育亦應是善。今二程分別天與氣而二之，而二程意中之天，又不能返之於上古素樸的天帝之天，則天者乃是理，而理氣劃分兩截，為以後朱子思想之所本。

二程既分理與氣而為二，於是既謫才，又貶情。他說：

在天為命，在義為理，在人為性，主於身為心，其實一也。心本善，發於思慮則有善有不善。若既發，則可謂之情，不可謂之心。譬如水，只謂之水，至於流而為派，或行於東，或行於西，卻謂之流也。

又曰：

喜怒非出於外，感於外而發於中也。湛然平靜如鏡者，水之性也。及遇沙石，或地勢不平，便有湍激。或風行其上，便為波濤洶湧，此豈水之性也哉。人性中只有四端，又豈有許多不善底事，然無水安得波浪，無性安得情也。（以上均《遺書》十八伊川語）

程門如此言性，性成了一個本原的，人生而靜以上不容說的，未發的，湛然如鏡的東西，而真實的人生，只一著地，一落實，一發一動，便已不是性，便是才是情，便有許多不善。如此說來，一面固不是孟子道性善之性，一面亦已不是告子生之謂性，《中庸》率性之謂道之性矣。

但二程的意思，究竟偏近於《易》、《庸》，只要一時擺脫孟子，則說來還是告子、《易》、《庸》之意見。程子有云：

生生之謂易，是天之所謂道也。天只是以生為道，繼此生理者即是善也。萬物皆有春意，便是繼之者善。成卻待他萬物自成其性須得。

又曰：

告子云：生之謂性則可，於中卻須分別牛之性，馬之性。天命之謂性，率性之謂道者，天降是於下，萬物流行，各正性命者，是所謂性也。循其性而不失，是所謂道也，此亦通人物而言。循性者，馬則為馬之性，又不做牛底性，牛則為牛之性，又不為馬底性，此所謂率性也。人在天地之間與萬物同流，天幾時分別出是人是物？修道之謂教，此則專在人事。以失其本性，故修而求復之。若元不失，則何修之有？成性存存，道義之門，亦是萬物各有成性，存存亦是生生不已之意，天只是以生為道。（《遺書》二上）

如此諸條，乃程子專就告子、《易》、《庸》為說，但《易》、《庸》本受道家思想之影響，乃把孔孟傳統放寬一步說之，而程子心中，則依然存著孟子一派吃緊為人的意思，因此在《易》、《庸》中放寬說之者，到程子口裏，又不免要著緊的說，如此則說成萬物自然，各成其性，而人生則轉易失卻自然，失卻本性，如此則豈不較之《易》、《庸》為轉更近於莊周道家之意乎？當知在《易》、《庸》作者的胸中，並不如此想，而程子要把《易》、《庸》與孟子牽合，便不覺走上了又一條路。因此程子把宇宙人生分作兩截，一截是形而上，人生而靜以上不容說的，未發以前的境界。另一截是形而下，人生而靜以下，既發以後的境界。此種兩截的宇宙觀，實非《易》、《庸》之本意。程子把性既分成本原的與稟受的兩截，則不免使人要時時回頭去看本原的前一截境界。因此程門修養工夫，也不免要落到常使人去靜坐看未發以前氣象。此種工夫，不僅孟子沒有，亦《易》、《庸》所未道。

惟其程門的宇宙觀，分成前後兩截，因此程子也不大情願常講《中庸》、《易經》裏的所謂道。

因《易》、《庸》中所謂道，只本是生生不已，已發未發，一滾而下，並不分成兩截，由此便與程子意趣不同。程門遂把《中庸》率性之謂道，《易傳》一陰一陽之謂道的道字擱下，另抬一理字來替代。程子說：

性即理也，所謂理性是也。天下之理，原其所自，未有不善，喜怒哀樂未發，何嘗不善。發而皆中節則無往而不善。（《遺書》二十二上伊川語）

又曰：

天命之謂性，此言性之理，若性之理則無不善，天者自然之理也。（《遺書》二十四伊川語）

伊川有時亦說：

道與性一也。（《遺書》二十五）

明道亦說：

道即性也，若道外尋性，性外尋道，便不是。（《遺書》一）

但到底還是愛說性即理，不大情願說性即道，這裡便是程氏與《易》、《庸》之分途處。緣言道，則一片自然滾將出來，言理則嚴靜獨立，超乎物外。道太鬆馳，理則嚴緊。道太活動，理有規範。程子說：

天下物皆可以理照，有物必有則，一物須有一理。（《遺書》十八伊川語）

一物須有一理，便是說無理外之物，亦即是無性外之物也。因此《易》、《庸》裏的天道觀，到程子手裏便改成了天理觀。孟子本說盡心知性，盡性知天，程門則更愛說窮理盡性以至於命。孟子盡心是使人求之內，程門窮理則使人求之外。

程子說：

窮理盡性至命，只是一事，纔窮理便盡性，才盡性便至命。（《遺書》十八伊川語）

又說：

窮理盡性以至於命，三事一時並了，元無次序。不可將窮理作知之事，若實窮得理，則性命亦可了。（《遺書》二十一明道語）

又說：

> 窮理盡性以至於命，一物也。（《遺書》十一明道語）

又曰：

> 窮理盡性至命，一事也。因指柱，曰：此木可以為柱，理也，曲直者性也，其所以曲直者，命也，理性命一而已。（《外書》十一）

可見窮理盡性以至於命，是程門常常稱引的話。而且認為窮理盡性至命三語只是一事。橫渠謂：

> 二程解窮理以至於命，只窮理便是至於命，亦是失於太快。此義儘有次序，須是窮理，便能盡得己之性，則推類又盡人之性，既盡得人之性，須是並萬物之性一齊盡得，如此然後至於天道也。其間煞有事，豈有當下理會了。（《遺書》蘇季明錄洛陽議論）

只因二程認為性即理，故謂窮理即是盡性，照孟子原義講，自然是橫渠所駁者為是。但橫渠亦主張義理之性與氣質之性的分別，論大體還與二程相差不遠，所以朱子謂：「氣質之說起於張程，某以為極有功於聖門，有補於後學也。」孟子論性，只是即心見性，盡心知性，教人反而求之己，思則得之。一到程門，則一面要人求之人心以前的天命，一面又要人求之人心以外之物理，此即所謂敬義夾持，敬以涵養，集義然後為有事。又曰：「涵養須用敬，進學則在致知。」此種教法，成為程門的一種特殊面目，格物窮理的理論，不僅與孟子異，抑且與《易》、《庸》異。

上述程門議論，自然要到伊川晚年始闡發到如此詳密。明道與伊川，自然也有許多小出入異同處，但就大體論，窮理盡性以至於命的見解，明道伊川本屬一致。明道又說：「學者須先識仁，仁者渾然與物同體。」又言「〈西銘〉備言此理」。（〈識仁篇〉）以天地萬物一體言仁，此意亦始於程張。《論》、《孟》言仁並無此說。明道又云：

> 性無內外，天地之常，以其心普萬物而無心，聖人之常，以其情順萬事而無情。（〈定性書〉）

只從此等扼要處看，明道意見實與伊川無甚差異。伊川後來，只是慢慢向裡面發揮得更透更盡而已。

四

朱子的理氣論，大體沿習二程，而尤更闡發到盡頭處。二程說話，尚多偏人生方面，朱子始正式推擴到宇宙論上來。朱子說：

未有天地之先，畢竟也只是理，有此理便有此天地。若無理，亦無天地，無人無物，都無該載了。有理便有氣，流行發育萬物。

老莊言道先天地，道即氣。今朱子言理先天地，理與氣雖是一體，但必分說。理不即是氣，但必附搭在氣上，故成為理氣渾合之一元。他又說：

天下未有無理之氣，亦未有無氣之理，有個天理了，卻有氣，積氣為質而性具焉。（以上《語類》卷一）

如此再從宇宙降落到人生。朱子的理字，便代替了上古天與帝的地位。朱子說：

帝是理為主。蒼蒼之謂天，運轉周流不已，便是那個。而今又說有個人在那裡批判罪惡，固不可。說道全無主之者，又不可。這裡要人見得。（《語類》卷一）

因莊老言道，不復須主宰，故轉成萬物自然。朱子也如二程般寧肯說理，不大情願說道。因說理，便見有一主宰。換言之，則是有了一所以然。有了所以然，便非盡自然。故程子說一陰一陽只是氣，所以一陰一陽者是道。此為程朱與《易》、《庸》最大分別。此種分別，則見程朱運思之精密。故朱子說：

道是總名，理是細目。道字包括得大，理是道裡面的許多理脈。道字宏大，理字精密。（《語類》卷六）

程朱與《易》、《庸》、老、莊的分別，亦正是一個宏大與精密的分別。

朱子論性既全承二程，朱子又曾明白指出二程論性與孟子之不同。他說：

性是理，然無那天氣地質，則此理沒有安頓處。孟子之論盡是說性善，至有不善，說是陷溺。是說其初無不善，後來方有不善耳。若如此，卻以論性不論氣，有些不備。卻得程氏說出氣質來接一接，便接得有首有尾，一齊圓備了。

又說：

孟子言性與伊川不同。孟子是剔出而言性之本，伊川是兼氣質而言。說性須兼氣質說方備。孟子未嘗說氣質之性，程子論性所以有功於名教者，以其發明氣質之性也。

又說：

> 孟子說得麤，說得疏略，孟子不曾推原源頭，不曾說上面一截，只是說成之者性也。（卷四）

只看上引諸條，便知朱子論性完全遵循二程，而與孟子不同。又明說他們所說較之孟子更精密。即朱子的理氣論，亦從程子論性的見解上推衍引伸而來。朱子所謂理，乃從程子天命之性本原之性上引伸。朱子所謂氣，則從程氏稟受之性，氣質之性上引伸。惟程子雖說到天命本原，卻沒有在此本原上再推闡詳說。朱子則從程子性即理也之說，更進一層論之，確說理即是天命本原，未有天地之先，畢竟有理了。如此遂比程子更進一步，正式闖進了形而上學的境界。程門教法，一面教人看喜怒哀樂未發以前氣象，來體悟天命之本原。一面叫人格物窮理來貫通物理之萬殊。到朱子把理字看做天命本原，則程門兩條教法，大可併成一條。因此，朱子雖然主張居敬窮理，兩面兼顧，其實朱子精神早已偏重在窮理一邊。只要能窮得理，則上一截的天命本原，與下一截的氣質分殊，均已包括無遺。在程子尚說孟子論性是說的天命本原之性，朱子只說孟子說性是剔出來的，即是從氣質稟受之性中剔出來，而只說了天命本原之性，但亦並沒有真說著了此天命之本源。因此又說孟子不曾推原源頭，不曾說上面一截。此乃朱子自指其未有天地之先，畢竟也有理的一番見解而言。

然理實無是物，朱子說：

理畢竟卻無形影，只是一個道理。（卷四）

又說：

理是條理，有文路子。文路子當從那裡去，自家也從那裡去；文路子不從那裡去，自家也不從那裡去。須尋文路子在何處，只挨著路子行。

又說：

理如一把線相似，有條理。如竹籃子相似。指其上行篾曰：「一條子恁地去。」又別指一條曰：「一條子恁地去。」

又如竹木之文理相似，直是一般理，橫是一般理。（卷六）

故理不是物，不是那竹籃子，只是那竹籃子上的文路。那文路那能脫離竹籃子，而自成為文路。所以說朱子主張理氣二元實不是。朱子所以看重格物窮理，其意只叫人在竹籃子上尋那文路。那些文路也究竟不能自己推動，自己向前，理只是一個應該，一個所以然，卻不是一個想怎麼與要怎麼。理只是規範，非動作。儻那天地只有一理，又如何運行？如何活動？所以理必與氣相配搭。朱子說：

> 天地初間，只是陰陽之氣，這一個氣運行，磨來磨去，磨得急了便拶出許多渣滓。（卷一）

故天地萬物之推動向前實是氣。朱子說：

> 理是一個靜潔空闊的世界，無形跡，他卻不會造作。氣則能醞釀凝聚萬物也。但有此氣，則理便在其中。（卷一）

但此處，仍有一問題待解決。若氣的運行自然依著理，則如《易傳》所謂一陰一陽之謂道，《中庸》所謂天命之謂性，率性之謂道，只說一個道便已得。道的自身便已是自然，能動能前，豈不直捷？但程朱見解不歡迎此種自然能動能前之道，如此則不煩人生更有所作為了。因此必要換上一個理字。程朱只在人事上說道。關於天地一邊，則寧說天理，不大說天道。因說天理，比較有路子，有規定性，有拘束性。若說天道，則嫌太活潑，太自由，沒把捉。不煩人自有作為了。但雖如此，理依然是一條文路子，文路子最多是有規定，沒有活動。依然要那氣來自己磨，磨得急了，撈出許多渣滓。不用說這些渣滓便是惡，故程子要說惡亦不可不謂之性。故照程朱意，只有理始是最本原的有善無惡，性則不免已落第二義。故只可說性即理，不容說理即性。

試再從此看朱子的性論。朱子說：

性即理也，在心喚做性，在事喚做理。性只是此理。性是合當的，性則純是善底，性是天生成許多道理散在處為性。

又說：

只是合如此底，只是理，非有個物事。若是有底事物，則既有善亦必有惡。惟其無此物，只是理，故無不善。（卷五）

又說：

枯槁之物亦有性，亦有理。（卷四）

朱子意思，性並無此物，只是指的許多合當底道理，合當底道理豈有不善，故說天地本原之性是純乎善的。但那許多合當底道理，只是平鋪的淨潔空闊的，不能有所醞釀造作。因此朱子說理則必要掛搭在氣上，說性也必要寄放在心上。與孟子之即心見性卻微有不同。

朱子之分辨心性，一如其分辨理氣。朱子說：

性猶太極也，心猶陰陽也。（卷五）

所謂太極便是理，陰陽則是氣。朱子的宇宙論，大部襲自周濂溪。濂溪說：「太極動而生陽，動極而靜，靜而生陰。」似乎太極本身便有動。但就朱子說來，太極與陰陽是一體而相對列，動靜的是陰陽，太極只是該載在動靜裡面的一個理，這個理，卻非自己能動。朱子又說：

性便是心之所有之理，心便是理之所會之地。

又說：

必以性為體，心將性做餡子模樣。蓋心之所以具是理者，以有性故也。

又曰：

心之理是太極，心之動靜是陰陽。

又曰：

心者氣之精爽。

或問靈處是心抑是性，曰：

靈處只是心，不是性。性只是理。

又曰：

所知覺者是理，理不離知覺，知覺不離理。

又曰：

所覺者心之理也，能覺者氣之靈也。（卷五）

觀上引諸條，可見朱子心性之辨，即猶其理氣之辨。心屬氣，能動，因此便有善惡，不如性之純善。或問心有善惡否？曰：

心是動的事物，自然有善惡。（卷五）

說心能動，是粗說，若細言之，則說心統性情。朱子曰：

伊川性即理也，橫渠心統性情，二句顛撲不破。性是未動，情是已動，心包得已動未動，心如水，性如水之靜。情則水之流，欲則水之波瀾。

又說：

性以理言，情乃發用處，心即管攝性情者也。故程子曰：有指體而言者，寂然不動是也，此言性也。有指用而言者，感而遂通是也，此言情也。程子云：心譬如穀種，其中具生之理是性，陽氣發生處是情，推而論之，物物皆然。

又曰：

心之全體，湛然虛明，萬理具是，無一毫私欲之間。其流行該徧，貫乎動靜，而妙用又無不在焉，故以其未發而全體者言之，則性也。以其已發而妙用者言之，則情也。然心統性情，只就渾淪一物，指其已發未發而為言爾，非是性是一個地頭，心是一個地頭，情又是

一個地頭，如此懸隔也。（卷五）

統觀此諸條，則所謂心是動的事物者，其實只就其所統情的一面言。心既統攝性情，則該貫動靜，不能專以動言。所以說：「心如水，情是動處。」又曰：「性者心之理，情者心之動。」（卷五）說到這裡，再回頭來看孟子。孟子道性善，似乎是在說水必流，流必向下，孟子正指出那個水流必向下的那種動進而不已的明白的傾向而稱之曰性善。因此孟子所謂心性情，都是一種能動能前而有明白傾向的。現在朱子把心情性三件剖析到很細微處，他說只有情能動能有傾向，而他的傾向卻又是可善可惡，不甚靠得住。性則不像能動，心則包有此二者。這裡的問題，則在如何把這個不像能動的理（性）去管束那個能動而不甚靠得住的氣質（情）。程朱不肯放膽讓這能動的氣質自動去，卻又不能把這個能動的氣質天然帖服在此不能動的理之下而聽其指揮，如此則似乎該再請一個第三者出來。因此朱子雖想把伊川敬義夾持的兩邊工夫打成一片，但他講到窮理時，勢必仍拋不掉要居敬。正因程朱所講的性與理，是平鋪沒氣力的，而程朱所講的氣質，又不甚靠得住，不可放任，而除卻此二者，又沒有第三者，心統性情，心似乎是一第三者。心屬氣，但只在人之氣質上有心，程朱似乎便把心來主宰此天地。但程朱說此心字，有細密規定。不像此下陸王之言心。故程朱只說性即理，而不說心即理。此中又大可研尋。

朱子又嘗論天地之有心與無心，說：

若果天地無心，則須牛生出馬，桃樹上發李花。程子曰：以主宰謂之帝，以性情謂之乾，他這名義自定，心便是他個主宰處。所以謂天地以生物為心。某謂天地別無勾當，只是以生物為心。一元之氣，運轉流通，略無停間，只是生出許多萬物而已。天地以此為心，普及萬物，人得之，遂為人之心。物得之，遂為物之心。草木禽獸接著，遂為草木禽獸之心。只是一個天地之心爾。

又說：

萬物生長，是天地無心處，枯槁欲生，是天地有心時。又說：心固是主宰底意，然所謂主宰者，即是理也，不是心外別有個理，理外別有個心。

又說：

人字似天字，心字似帝字。（卷一）

此處明說要把心來主宰天地，此可謂程朱依然是孔、孟、《易》、《庸》之老路。孟子說：盡心知性，盡性知天。《中庸》說：天命之謂性，率性之謂道，修道之謂教。〈易繫〉說天地之大德曰生，生生之謂易。程朱說法都把來包括會通了。但如此則仍有兩條通路在前面。一條是告子生之謂性的說法，一條是象山心即理也的說法。因既主張天地只以生物為心，即不啻說天地只以生物為理，亦無異說天地只以生物為性，如此豈不要走上告子與象山的路。但這也非程朱的主張。所以朱子又說：

若指性來做心說，則不可。（卷四）

故朱子說的性與理，明明是在孟子、《易》、《庸》以外又新添了一些。此所新添的，則不可不說是有佛法東來以後之影響，此篇未能深涉，姑誌其說於此。

又或問《論語》言仁處，曰：

理難見，氣易見，但就氣上看便見。且看春夏秋冬，春時盡是溫厚之氣，仁便是這氣象。夏秋冬雖不同，皆是陽春生育之氣行乎其中，故偏言則一事，專言則包四者。人心中皆有仁義禮智，然元只有一物，發用出來自然成四派。如破梨相似，破開成四片。

又曰：

當來得於天者只是個仁，所以為心之全體。卻自仁中分四界子，一界子是仁之仁，一界子是仁之義，一界子是仁之禮，一界子是仁之智。心裏只有四物，萬事萬物皆由此出。春生夏長，秋收冬藏，雖分四時，然生意未嘗不貫。縱雪霜之慘，亦是生意。（卷六）

此諸條，專以仁字論心，顯是孔子老路。由此再把孟子與《易》、《庸》會合，而再創新說。所以朱子又要說：

仁義禮智是未發之性。（卷六）

如此又把仁義禮智與心字劃分了，要是是未發之性，便不離於氣質，便又成了幾件不能動的東西了。若果如上說，仁是生意，則天地間應有一種未發而不離於氣質之生意。此種生意既屬未發，又不離於氣質，絲毫動不得，則其為生意者又何在？但朱子說理必掛搭在氣上，則生意必落到氣質上。若謂未有氣質以前，畢竟先有此生意？如此則像是玄談。但朱子本不許人分理氣先後。只你定要問理氣先後，他纔說理先氣後。則說先有了生意始有生，也未始不可。故程朱論性，分義理與氣質而為二，又分宇宙人生為上下兩截，若與孔、孟、《易》、《庸》異，但亦可謂無大相違。

今再拈一小節論之，上面說二程不喜歡講盡心知性，盡性知天，而喜講窮理盡性以至於命。

但到朱子手裏，對那窮理盡性以至於命的話，亦不大段費力講。因朱子發揮理字已到極高境界，窮理便是盡性至命，不用再多講了。但朱子逐字逐句注解四書，對孟子盡心知性，盡性知天一語，終不能存而不論。而照朱子自己意見，則與孟子意見恰相反。此層在《語類》裏記載極詳，文煩不能引，姑舉《集注》中語以見其概。朱子云：

心者人之神明，所以具眾理而應萬事者也，性則心之所具之理，而天又理之所出者也。人有是心，莫非全體，然不窮理，則有所蔽而無以盡於此心之全。故能極其心之全體而無不盡者，必能窮天理而無不知。既知其理，則其所從出亦不外是也。以《大學》之序言之，知性則格物之謂，正心則知至之謂也。

孟子明明說盡心始知性，盡性始知天，朱子偏說成盡性始知心知天，在朱子意，心屬氣，亦可善可惡，所以不教只在盡心上下功夫，要在盡性上下功夫。惟盡性先要窮理，窮理要賴此心，如是則理不便是心，性亦不便是心，而窮理盡性，則要在此心上下工夫。故用工夫者在心，而工夫有對象，此對象則非心。程朱大意略如此。

五

由上所說，《易》、《庸》已較孔孟走遠了一步，程朱則想綰合《易》、《庸》與孔孟，而有些處，則程朱之於孔孟，卻較《易》、《庸》更走遠了一步。但始終是在一條路線上向前，我們只要認此一條線，而行在線上的地位有不同，卻不該說《易》、《庸》程、朱，都和孔孟不同，都錯了。此下才有陸王興起，有人問象山：「先生之學亦有所受乎？」曰：「因讀《孟子》而自得之於心也。」只此一句，象山道盡了自己的學術精神。其脈絡自孟子，其功夫則在自得於心。所以象山教人，只在發明各自的本心。象山說：

> 孟子云，盡其心者知其性，知其性則知天矣。心只是一個心，某之心，吾友之心，上而千百代聖賢之心，下而千百載而復有一聖賢，其心亦只如此。心之體甚大，若能盡我之心，便與天同，為學只是理會此。

象山要把人生一切義理力量全放到人之心上來，他說：

萬物森然於方寸之間，滿心而發，充塞宇宙，無非此理。孟子就四端上指示人，豈是人生只有此四端而已。

又說：

近來論學者言擴而充之，須於四端上逐一擴充，焉有此理。孟子當來只是發出人有此四端，以明人性之善，苟此心之存，則此理自明，當惻隱處自惻隱，當羞惡當辭讓是非在前，自能辨之。

又云：

當寬裕溫柔自寬裕溫柔。當發強剛毅自發強剛毅。所謂溥博淵泉，而時出之。

這裏象山也和孟子有不同。孟子只說人心之同然者為性，象山則說成只此同然之心乃是一大心。故心體廣大，在此廣大心體中見你心與我心，其實全是此大心。孟子言心，可訴之於常識，而象山言心，則成為哲學的，形而上的。故象山說心，便不需再說性，象山只說心即理，可不再說性善。惟象山在此，似乎僅是引而未發，未透切說到盡頭處。又有人問：「心性才情如何分別。」

象山云：

今之學者讀書，只是解字，不求血脈。性情心才，都只是一般物事，言偶不同耳，只與理會實處，就心上理會，須是血脈骨髓理會實處始得。

象山又謂：

人欲天理分別得亦未是，人亦有善有惡，天亦有善有惡，豈可以善皆歸之天，惡皆歸之人，此說出於〈樂記〉，不是聖人之言。

又云：

天理人欲之言，亦自不是至論。若天是理，人是欲，則是天人不同矣。此其原蓋由於老氏。〈樂記〉曰：人生而靜，天之性也，感於物而動，性之欲也。物至知知，而後好惡形焉，不能反躬，天理滅矣。天理人欲之言，蓋出於此。〈樂記〉之言，亦根於老氏。且如專言靜是天性，則動獨不是天性耶。《書》云：人心惟危，道心惟微。解者多指人心為人欲，道心為天理。心一也，人安有二心。自人而言則曰惟危，自道而言則曰惟微。罔念作狂，克念作聖，非危乎。無聲無臭，無形無體，非微乎。因言莊子云，眇乎小哉，以屬諸人，傲乎大哉，獨遊於天，是分明裂天人而為二也。（以上均《語錄》）

此處象山最要的，不許人由讀書來解字，只教人由讀書來自得之於心。程朱分天命之性與氣質之性，也是裂天人而為二，也正夾雜了道家思想在裏面。象山不喜濂溪〈太極圖說〉，由陰陽五行天地萬物，講到人生，亦正是道家路徑，象山只從孟子，直從人心入。然既有了道家，儒家中便又產生了《易》、《庸》。既有佛教東來，儒家中又產生了程朱，此是思想史上一條向前道路，有不知其然而然者。今象山要專一歸之於孟子，其實孟子已多講了性與天道，與孔子已不同。若依象山意，只應直歸之孔子纔是。更暢快言之，應直歸之己心纔是。象山意，天地間有善有惡，人心中亦同樣有善有惡，天理是人心，人欲亦是人心。只人心自能知，自合天理，自能向上。心體廣大，即天即理。此種說法，在象山亦並未詳細闡說，總覺單薄，於是有待於陽明之繼起。

陽明繼續象山精神，暢闡其心即理之說。他說：

聖人之學，心學也。孔孟之學務求仁，而當時之弊固已有外求之者。夫子告子貢以一貫，而教以能近取譬，蓋使之求諸其心也。孟子曰：仁人心也，學問之道無他，求其放心而已矣。又曰：仁義禮智非由外鑠我也，我固有之，弗思耳矣。功利之徒，外假天理之近似以濟私，不知既無其心，尚何有所謂天理。世儒支離外索，以求明其所謂物理，不知吾心即物理，初無假於外也。（〈象山先生全集敘〉）

又曰：

心之體，性也，性即理也。故有孝親之心，即有孝之理。無孝親之心，即無孝之理矣。有忠君之心，即有忠之理，無忠君之心，即無忠之理矣。理豈外於吾心耶。

又曰：

心外無理，心外無事。

又說：

所謂心便是那能視聽言動的，這個便是性，便是天理。有這個性才能生。這性之生理便謂之仁。這性之生理發在目，便會視，發在耳，便會聽，發在口，便會言，發在四肢，便會動。都只是那天理發生。以其主宰一身，故謂之心。這心之本體，原只是個天理，原無非理，便是汝之真己。

又曰：

良知只是個是非之心，是非只是個好惡，只好惡便盡了是非，只是非便盡了萬事萬變。（以上皆《傳習錄》）

此等處，陽明說心即性，心即天理，從前孔子不言性與天道，孟子便言了，《易》、《庸》言性與天道更詳，程朱又為心性天三字詳加分別。象山則只言一心，陽明又把性與天綰合到心上，力求簡易，而終不免言之單薄。惟陽明從心的能動能前有傾向的方面來看性，則是其真接象山孟子處。但陽明亦批評象山，說：

濂溪明道之後還是他，只是粗些。（《傳習錄》）

又說：

自宋周程二子，始復追尋孔孟之宗，而有無極而太極，定之以仁義中正而主靜之說。動亦定，靜亦定，無內外無將迎之論。自是而後有象山陸氏，雖其純粹和平，若不逮於二子，而簡易直捷真有以接孟氏之傳。其議論開闔，時有異者，乃其氣質意見之殊，而要其學之

必求諸心，則一而已。（〈象山先生全集敘〉）

此處陽明評騭象山地位還在濂溪明道之下。在陽明之意，似謂象山在當時，只針對晦翁伊川毛病，教人返從心體實處下功夫，而對其他方面，則一時精神照顧未全，他所說自是偏於人生部份的多，而宇宙本原一邊，則頗少涉及。他所說又多屬心字，對性字天字亦少闡發。象山精神之接近孟子處正在此。但自《易》、《庸》以下，儒家理論早已不能專一關閉在人生日常方面，而不再涉及宇宙萬物的廣大範圍，尤其是經過佛學傳入，儒門淡泊，幾乎收拾不住人心，因此理學諸儒繼起，也不能不多從宇宙本體論上思索作解答。濂溪明道便是宋儒對此方面之開山，伊川晦翁又推索得太遠太盡。但此許多問題，為伊川晦翁所注意討論者，陽明還是不能不注意不討論。大體上陽明龍場一悟，發明良知，教人反向自心實下工夫，此固極似象山。但其他方面，似乎陽明也並未能完全自己造成一嶄新的系統。有些處，大體還要承繼濂溪明道，乃至伊川晦翁的見解。但從此等處推闡益進，便不免要引起陽明學說自身內部的問題。

或問：「生之謂性，告子亦說得是，孟子如何非之。」陽明曰：

告子認得一邊去了，孟子亦曰：食色性也，這也是指氣說，故曰論性不論氣不備，論氣不論性不明。氣亦性也，但須認得頭腦是當。

此處可見陽明除論心外還不得不論性，其論性則依然依著伊川晦翁舊說。又說：

孟子說性，直從源頭上說來，亦是說個大概。荀子性惡之說，是從流弊上說來，也未可盡說他不是。

此處說孟子從源頭上說性，即伊川本源之性之說。說荀子性惡之說亦未盡不是，即程門惡亦不可不謂之性之說。是陽明言心則主良知，言性反又要引荀子，那裏面問題便複雜了。陽明又說：

夫子說性相近，即孟子說性善，不可專在氣質上說。

此若與伊川微異，但謂性不可專在氣質上說，則大端仍是程門之舊說。陽明又曰：

良知本來自明，氣質不美者渣滓多，障蔽厚，不易開明。質美者渣滓原少，無多障蔽，略加致知之功，良知便是瑩徹。

又曰：

張黃諸葛韓范諸公，皆天質之美，自多暗合道妙。

此等處皆接近朱程。總之陽明論性，語雖無多，然從沒有一句話說程朱分氣質之性與本源之性是錯了，可證陽明心中，至少已不自覺地接受了朱程的見解。

既承認有氣質之性與本源之性之分別，便很易過渡到人心已發未發的問題上去。陽明說：「如養得心體果有未發之中，自然有發而中節之和。」或問中字義：曰：「是天理。」曰：「天理何以謂之中？」曰：「無所偏倚。」曰：「無所偏倚是何等氣象。」曰：「如明鏡然，全體瑩澈，無纖塵染者。須是平日好色好利好名等項一應私心掃除蕩滌，無纖毫留滯，而此心全體廓然，純是天理，方可謂喜怒哀樂未發之中，方是天下之大本。」此等意見，甚近明道，亦與伊川無不合，但與孟子卻有不合。因《中庸》在孟子後，根據《中庸》，即不易全合孟子。陽明又曰：

不思善不思惡時，認本來面目，此佛氏為未認本來面目者設此方便。本來面目即吾聖門所謂良知，今既認得良知明白，即已不消如此說矣。隨物而格，是致知之功，即佛氏之常惺惺，亦是常存他本來面目耳。

佛氏認本來面目，亦猶程門看未發前氣象也。常惺惺，又是程門高第謝上蔡所樂道。此等功夫，皆自宋儒始提出，實受道佛方外言修養之影響。宋儒術語多本之《易》、《庸》，實際已羼雜了禪學。孟子似尚無此意。陽明倡為致良知之說，主張切實踐履，即知即行，此等處亦均沿宋儒，而明白引及禪說，可知非孔孟古義也。又云：

良知所謂情順萬事而無情，無所住而生其心，佛氏曾有是言，未為非也。

此皆陽明承襲明道，而明白引及佛說之證。後來江右王門，便再從此途深入。晚明東林以下，又從此途轉出，遂成由王反朱。大體此一途可歸屬於程門居敬工夫之一邊，即向天命本源探求之一邊也。

既講到本源之性，既講到未發之中，又很容易過渡到性的本體問題上去。或問：「古人論性各有異同，何者為定論？」陽明說：

性無定體，論亦無定體。有自本體上說者，有自源頭上說者，有自流弊處說者，性之本體原是無善無惡的，發用上原是可以為善可以為不善的，其流弊也原是一定善，一定惡的。

陽明此處謂性之本體，原是無善無惡，則明與孟子性善論相背。蓋陽明此說實自濂溪無極而太極來。陽明天泉橋四句教，明把自己說法分而為二。一為無善無惡是心之體，有善有惡是意之動，知善知惡是良知，為善去惡是格物。此為錢緒山所守。一為心是無善無惡的心，意是無善無惡的意，知亦是無善無惡的知，物也是無善無惡的物，此為王龍溪所持。兩派同為陽明所印許。要之同主心體無善無惡，此即濂溪之無極而太極也。然其四無教，則大為後起儒者所反對，亦可謂從來儒者皆無此理論。陽明之說，則顯從道釋兩家來。陽明又說：

無善無惡者理之靜，有善有惡者氣之動。

又曰：

汝心循理便是善，動氣便是惡。

如此理氣分說，分明又是沿襲朱子。只伊川晦翁以理為至善，而陽明四無之說則說成一切無善無惡，在陽明意中，或是無善無惡即是至善，在彼或猶謂即如濂溪之云無極而太極，而其實大不同。龍溪泰州即循此議論而下，最後則為晚明代之狂禪，為後來由王反朱論者攻王最大之藉口，此又陽明學說中一未獲定論之大關節。

既講到性之本體，又很容易過渡到天地萬物與我一體的理論上去。明道說：

仁者渾然與物同體。

如此言仁，顯是明道說法，與孔孟古義有不同。孔孟言仁孝，只就人心人事上說，絕未說到與物同體。將天地萬物看成一體，在儒家則始於《易》、《庸》。北宋儒家最大文章說此事者，莫如橫渠之〈西銘〉，程子謂：「〈西銘〉備言仁體，秦漢以來學者所未到。」其推挹如此。然〈西銘〉理論，決非孔孟古義。正是秦漢以來學者見解耳。游酢初見〈西銘〉，即曰：「此《中庸》之理也。」明道稱之，謂能求之語言之外。楊時見〈西銘〉，即疑其言之過，謂其弊將流於墨氏之兼愛。其實墨子兼愛，尚限於人事，〈西銘〉主張萬物一體，何止如墨子之言兼愛乎。其後伊川以理一分殊告楊時，楊時未敢堅持己說。要之當時程門高第弟子，固未嘗無識透〈西銘〉理論之脈絡者，既主萬物一體，乃謂性外無物，又說：性即理也。伊川晦翁見解之後面，莫非有〈西銘〉天地萬物一體的見解為之撐搘。故朱子《大學》格物補傳，修齊治平明屬人事，而須即凡天下之物而格，正為萬物與我一體耳。陽明倡為良知之學，力求簡易直捷，然於萬物一體的理論，則未能自外。惟陽明不說性即理，而說心即理。此理字若指人事方面而言，固無不可。若指天地萬物之理，謂皆具於吾心，則其說頗費周章。陽明又說：

> 人只要在性上用功，看得一性字分明，即萬理燦然。

此處性字若偏指其賦於人者言，則此處所謂萬理亦只能就人事上如孝弟忠恕愛敬等言。若如朱子之理氣理，則非即凡天下之物而格，豈易遽明？陽明既主心即理，又講萬物一體，其間便自有難貫串處。《傳習錄》：

先生遊南鎮，一友指岩中花樹問曰：「天下無心外之物，如此花在深山中，自開自落，於我心亦何相關。」先生曰：「你未看此花時，此花與汝同歸於寂，你來看此花時，則此花顏色一時明白起來，便知此花不在你的心外。」

此竟是一片禪機矣。如此則心體廣大，包容了天地萬物，與象山之說正同。或問：「人心與物同體，如吾身原是血氣流通，所以謂之同體，於人便異體了，禽獸草木益遠矣，何謂之同體。」陽明曰：

你只在感應之幾上看，豈但禽獸草木，雖天地神鬼也與我同體。充天塞地，中間只有個靈明。人只為形體自間隔了，我的靈明，便是天地神鬼的主宰。天沒有我的靈明，誰去仰他高。地沒有我的靈明，誰去俯他深。鬼神沒有我的靈明，誰去辨別他吉凶災祥。離卻我的靈明，便沒有天地鬼神萬物了。離卻天地鬼神萬物，亦沒有我的靈明，如此便是一氣流通，如何與他間隔得。

又問：「天地鬼神萬物，千古現在，何沒有我的靈明，便俱無了。」曰：

今看死的人，他這些精靈游散了，他的天地萬物尚在何處。

此等議論，幾乎可謂是一種絕對的個人主義的唯心論。若照象山義，此心非一人一時之所得而私。象山謂：

宇宙內事，乃己分內事，己分內事，乃宇宙內事。

又曰：

宇宙便是吾心，吾心即是宇宙。東海西海南海北海有聖人出，此心同此理同也。千百世之上至千百世之下有聖人出焉，此心同此理亦莫不同也。宇宙不曾限隔人，人自限隔了宇宙。

此仍是唯心論，但不限在個人。正緣一人之心，即上下古今千萬人之心，即長宙廣宇無窮無盡之心，決非個人的。故非個人唯心論，但亦是一種宇宙唯心論，實不如程朱提出性字，又說性即理，又把理氣分說之較為近情，而且亦決非孟子所謂人心之所同然之心矣。象山說心不該從軀殼上起念，亦不如明道心在腔子裏，以及朱子心屬氣之說之較更近理也。故若把心性從人類推擴到萬物身上去，則謂物皆有性猶可，謂物皆有心，此論便費周折。朱子亦說天地萬物亦有心，然較象山說法顯然近情。或謂人有良知，草木瓦礫之類亦有良知否？陽明曰：

人的良知即是草木瓦石的良知。若草木瓦石無人的良知，不可以為草木瓦石矣。豈惟草木瓦石，天地無人之良知，亦不可為天地。蓋天地萬物與人原是一體，其發竅最精處是人心一點靈明，風雨露雷，日月星辰，禽獸草木，山川土石，與人原是一體，故五穀禽獸之類皆可以養人，藥石之類皆可以療疾，只為同此一氣，故能相通耳。

此等說法似近象山之宇宙唯心論，然實皆朱子所已言，惟在朱子言之較無病，在陽明言之，則甚覺其牽強。朱子就物論性，近《易》、《庸》，陽明就心論性，近《論》、《孟》。若就物論性，儘可說性外無物，枯槁木石死物皆有性。若就心論性，卻不能說心外無物，不能說枯槁木石死物皆有心。性為人物所兼有，心則人類所獨靈。就性言，則人物平等，各自有一性，會合言之，是一理，亦可說物我一體。若就心論之，或有心，或無心，或心靈，或心蠢，人物已不平等。再說物我一體，如陽明以上諸條之所說，則循此推演，上天下地，惟我獨尊，有不為狂禪之歸者幾希？若就孟子原來議論，只就人心善端推擴出去，則親親而仁民，仁民而愛物，果從此觀點而說天地萬物一體，亦尚無不可。惟要說成天地萬物本屬一體，則勢必從宇宙外面說來，即宋儒所謂從氣的方面說之方得也。濂溪〈太極圖說〉，即屬此路，故為象山所不喜，至橫渠〈西銘〉，二陸兄弟與朱子亦曾馳書相辯。大抵陸氏主從心上推擴而見其如此，朱子則主從物上窮格而見其如此。此兩條路截然分明。今陽明唱說良知，自是偏屬孟子象山一路，而其議論，時不免夾襍了程朱見解。如此等處，正是王學自身之病痛。陽明見為象山粗，其實陽明則幾成為妄矣。故從人生實踐言，孟子之說本極平實，就哲理玄學言，象山之說似尚較允。而陽明之發揮象山，則未盡其功能也。

上文述孔、孟、《易》、《庸》，程朱陸王四派論性異同竟，若再扼要說之，則不妨將孟子、《中庸》、晦翁、陽明作為此四派之代表。大抵孟子重在即心見性，一切從人心人事上推擴。《中庸》則重在因物見性，一切從天行物理上來和會。孟子切實簡易，《中庸》闊大恢宏。孟子由內以及外，《中庸》舉物而包人。這是顯相殊異的兩條路。晦翁偏近《中庸》，陽明偏近孟子。惟此兩人似乎都承認孟子、《中庸》自有障隔，因此晦翁常要牽拉孟子到《中庸》一邊去，陽明又常要牽拉《中庸》到孟子這邊來。因此兩家思路便不免各生幾許罅隙與漏洞。大抵晦翁講宇宙方面，思路較完密，但其所謂理，則規範的意味重，推動的力量薄，平鋪沒氣力，落到人生方面，使人感到一種拘檢與散漫疲弱無從奮力之感。故朱子定要在心上做工夫。亦可謂宇宙之主宰在理，而人生之主宰則在心。要之在太極之外還須自立一人極。即橫渠所謂為宇宙立心，為生民立命也。故朱子闡發孔孟，多尊二程，而仍必兼尊濂溪橫渠，其意在此。抑且《大學》論心不及性，朱子奉為學者入德之門，在四書中當先讀。《中庸》論性不及心，朱子謂當讀《論》、《孟》後始讀。其間實寓甚深妙義。惜乎後儒對此尚少闡發，此亦中國學術思想史上一大堪惋惜之憾事也。陽明在人生方面言之，若親切易簡，當下可使人用力向前，此乃其長處。但要把心來包羅宇宙萬物，又嫌唐大不實，在理論方面太單薄，牢籠不住。此則王學之所短。但此處亦並非謂孟子、《中庸》兩條路，竟不能會通和合，只是說朱子在此方面工夫較深，陽明則工夫較淺。若更求圓融渾成，更求簡易明白，更求少流弊誤解，則實宜從朱子方面進而求之耳。自晚明以下，中國儒學衰竭，亦竟無大氣魄人能將孟子、《中庸》，晦翁陽明四家和會融通，打併歸一。其有調和折衷與夫出主入奴，皆未能深入此四家中而超乎此四家外來鎔鑄一新的天地。此下果是儒學復興，這一關定是關頭的第一關。《中庸》說：「尊德性而道問學，致廣大而盡精微，極高明而道中庸。」孟子說：「可欲之謂善，有諸己之謂信，充實之謂美，充實而有光輝之謂大，大而化之之謂聖，聖而不可知之謂神。」無論如《中庸》之大氣包舉，無論如孟子之孚尹旁達，總之必有如此境界，乃始得為將來儒學開新天地。而比較上，朱子所闡，於此路近，陽明所論，卻不免要遠離此路。此為本篇分析闡述之主要論點，幸學者再詳之。

象山龍川水心

宋學到朱子，可謂已發展到極精細極圓宏的地步。但即在朱子時，思想界便起了分裂，有所謂朱陸之異同，這在思想史上，一切進展，都逃不了此例。

由濂溪主靜立人極，轉到明道之主敬，再由伊川補充為敬義夾持，於是而有朱子之居敬窮理兩邊做工。但照明道原義，寫字便一心在寫字上，只此便是敬，則窮理只一心在窮理上，亦早是敬了，不須在窮理外再有一個居敬，然如此則豈不將精神全傾向到外邊去，而且物理紛繁，急切苦尋不到一統會，象山理論正對此而發。

傅子淵自槐堂歸其家，陳正己問之，曰：陸先生教人何先？對曰：辨志。復問曰：何辨？

曰：義利之辨。

伊川曾說：只知用敬，不知集義，卻是都無事，故又說：涵養須用敬，進學則在致知。如此則敬以直內，義以方外，敬義分成內外兩截，象山所謂辨義利，與伊川意有別。象山只就人之居心與動機言，故曰：凡欲為學，當先識義利公私之辨。象山所謂義，只是一個公的動機或居心。其所謂利，則只是一個私的動機或居心，其間之公與私，其人當下向內反省自知，並不如格物窮理，進學致知須另外工夫。故照象山意見，便可由伊川回返到明道，心中常主一個公，一個義，即是常主一個天理，更沒有伊川所譏都無事之病。

惟此天理，則在內不在外。故象山對人心如何能分辨義利的一番工夫，只說要收拾精神在內。他說：

人精神在外，至死也勞攘，須收拾作主宰。收得精神在內，當惻隱即惻隱，當羞惡即羞惡，誰欺得你，誰瞞得你。見得端的後常涵養，是甚次第。

又說：

大綱提掇來，細細理會去，如魚龍游於江海之中，沛然無礙。

是謂收拾精神在內，乃是辨義利的先行工夫。照象山意，似謂只要能收拾精神在內，便自能辨義利。

象山又說：心不可泊著事。他說：

人心只愛去泊著事，教他棄事時，如鶻孫失了樹，更無住處。心不可泊一事，只自立心。人心本來無事，胡亂被事物牽將去。若是有精神，即時便出便好。若一向去，便壞了。

又說：

人不肯只如此，須要有個說話。

人不肯心閑無事，居天下之廣居。

此說心閑無事，亦即是辨義利之先行工夫，只要此心不泊著事，便亦自能辨義利。

故又說：要一刀兩斷，軒昂奮發，莫自沈埋蒙蔽。他說：

此理在宇宙間，何曾有所礙。是你自沈埋，自蒙蔽，陰陰地在個陷穽中。要決裂破陷穽，窺測破網羅。

又說：

激厲奮迅，決破羅網，焚燒荊棘，蕩夷汙澤。

要當軒昂奮發，莫恁地沈埋在卑陋凡下處。

彘雞終日營營，無超然之意，須是一刀兩斷，何故縈縈如此，縈縈底討個甚麼？

又說：要決去世俗之習。他說：

必有大疑大懼，深思痛省，決去世俗之習。如去穢惡，如避寇讎，則此心之靈，自有其仁，自有其智，自有其勇。私意俗習，如見晛之雪，雖欲存之而不可得。此乃謂之知至，乃謂之先立乎其大者。

又說：人心要剝落。

人心有病，須是剝落。剝落得一番，即一番清明。後又隨起來，又剝落，又清明。須是剝落得淨盡，方是。

斬斷決去剝落，亦皆是辨義利之先行工夫。只要能斬斷決去剝落，自然心中能不泊著事，精神自然在內，則自能辨義利。

故照象山意見，只要人把心上一切私意俗習一切病痛盡情剝去，則其居心動意，自然能公與義，故說：

> 今之論學者，只務添人底，自家只是減他底，此所以不同。

其實象山此種見解，亦可謂是直承濂溪明道而來。濂溪要主靜立人極，而曰無欲故靜。明道說：學者今日無可添，只有可減，減盡便沒事。見獵心喜的故事，便是明道早年從遊濂溪所得的一段真血脈。明道之所謂敬，亦只是心中沒事。心中沒事自無私意俗習，心中真個一無私意俗習，則智仁勇皆人心自然之德，自然發露，自能生長。天德王道只是一本，敬義亦只是一事，不煩居敬窮理分兩邊做工。

象山因此主張他的「心即理」論，但象山原義，亦頗為後來批評象山者所誤解。象山說：

> 心只是一個心，某之心，吾友之心，上而千百載聖賢之心，下而千百載復有一聖賢，其心亦只如此。心之體甚大，若能盡我之心，便與天同，為學只是理會此。

又說：

> 東海有聖人出焉，此心同也，此理同也。西海有聖人出焉，此心同也，此理同也。南海北海有聖人出焉，此心同也，此理同也。千百世之上，至千百世之下，有聖人出焉，此心同也，此理同也。

象山兄弟與朱子會鵝湖，其兄子壽先有一詩云：

> 孩提知愛長知欽，古聖相傳只此心。

象山不以為是，和之云：

> 墟墓興哀宗廟欽，斯人千古不磨心。

大抵子壽言心，猶是常義。孟子可學得孔子之心，孔子可學得周公之心，故曰古聖相傳只此心。象山則謂人可別而心則一。我心即是孟子心孔子心周公心，故曰斯人千古不磨心。故象山為學工夫，只重在自己這一個心上。他只著眼在孟子所謂此心之同然處。此同然之心，實則是外於人而自存自在。無空間，無時間，心有其大同，此始是自存自在之真心。實則象山意，與孟子人心猶有別。象山所指，乃是一心體，此心體似外於人而存在，故曰心即理。又曰此心同，此理同。但此心體非盡人能達，惟聖人乃得此心，故曰東海有聖人，西海有聖人，此心同，此理同，則未到聖人地位，未得此心，即未必能心同理同也。此聖人之心，則為人之本心，即心之本體。而常人之心所以未到心同理同境界者，則由於私意俗習之所蒙蔽與纏縛。此後象山弟子楊慈湖好舉「心之精神是為聖」一語，可知人心有見精神與不見精神之別。聖人之心，只是常人之心之更精神者。常人之心，則是聖人之心之較不精神者。人心必到更精神處始見心之真體，乃能到達同然之境。今問人心如何見精神，則當如上舉收拾精神在內以下各條，切實用工，則心之精神自顯。象山在此處，卻頗不贊成明道之所謂主敬。象山有〈與曾宅之書〉，論持敬與存誠之辨。象山弟子舒璘《廣平類稿》，亦對程門持敬之說有駁議。舒璘說敬字工夫，未免從外束縛，如篾箍桶，如籐束薪，轉失自然處。又明道謂心只在腔子裏，子壽說心正如此。象山則只主從人心之自立自由下手，教人收拾精神在內，並不是教人要心在腔子裏。故象山之所謂心，實亦與孟子有異，與明道有異。

象山所謂心即理，亦與程朱性即理的理字有不同。程朱所謂理，乃統括事物之理言，其所謂性，亦兼人物言，如水性潤下，火性炎上，此即水火自然之理，故曰性即理，性之於心，似在心外而來入心中，人心只是一個虛明靈覺，人因有此虛明靈覺，始可格物窮理，但不可謂此虛明靈覺者即是理。理與性屬本體，心則是作用一邊，故以心屬氣以別於理。至象山之所謂理，乃偏重人事，不兼物言。一切人事之理，乃全從人心中流出。如人有仁孝之心，乃有仁孝之理。仁孝之心千古不磨，千百世以前人，與千百世以下人，同樣有此仁孝之心。故亦同樣有此仁孝之理。但歷史上仁孝之事，千差萬別，象山似乎不管了。照象山意見，只把握了此理，自能流出許多事。

故象山又說：

> 宇宙即我心，我心即宇宙。

此語正是近代西方人所主的極端惟心論，似乎宇宙亦只從此心流出。象山高第弟子如楊慈湖輩，亦確有此傾向。但細論象山本意，則似尚有分辨。象山又說：

> 人與天地萬物，皆在無窮之中，宇宙內事，乃己分內事，己分內事，乃宇宙內事。

當知無論宇宙內事與己分內事，象山意，皆從人心中流出，而此處所謂宇宙內事，窺象山意，實亦偏指人事言。若水流花放，豈得謂亦己分內事。故知象山所指宇宙內事，宜亦有其分限，謂宇宙即我心者，正謂宇宙內事皆由人心中自然流出。而象山此處所謂宇宙，猶云世界，更應說是人類歷史。象山所云宇宙內事，實指世界上人類歷史之一切人事言，始更允愜。象山又云：

宇宙不能限隔人，只人自限隔了宇宙。

可知象山所謂宇宙者，實指歷史人事言。歷史人事，可謂其與我不限隔，故謂宇宙內事即己分內事也。否則日出日落，水流花放，皆宇宙內事，豈可謂亦即吾分內事。然即就人類歷史言，人生短促，歷史無盡，縱謂宇宙即歷史，又如何謂宇宙內事只己分內事。蓋象山之意，人之生命雖有限，人心之活動亦有限，然仁人君子之事，所謂人心之理，則終古無窮無限。故惟仁孝乃宇宙內事，亦即人心內事，同一無窮而亦無限。何以知我心之仁孝，即看宇宙間仁人君子已往行事即得，故曰宇宙即我心。仁孝無窮，斯我心亦無窮，故曰我心即宇宙。故知象山所謂宇宙，乃至宇宙內事，實指人文大群之歷史文化界而言，不指山川草木之自然界而言。象山之所謂心即理，乃是人生哲學上的論題，並非宇宙論方面的論題。故象山始教，便著重在辨義利，此只是人生一實踐問題，並非宇宙一本體問題。在宋學的第二第三期裏，算只有象山思路似乎淨盡擺脫了宇宙本體論的圈套與束縛，故他對朱子之格物窮理，要譏之為支離了。但楊慈湖、張皇師說，便又不免陷入宇宙論的深穽中，要說成我心便是宇宙萬物之本體，此義究難圓成。陽明良知學，最先立腳在人生實踐上，很近象山。後來要邁進宇宙論範圍，也就窒礙叢生了。

故必明得象山論學，只重人生實踐，乃始為把握到象山之真精神。象山說：

今天下學者，惟有兩途，一途樸實，一途議論，足以明人心之邪正，破學者之窟穴矣。

又說：

千虛不博一實，吾生平學問無他，只是一實。

若抛荒人之內心，轉從宇宙萬物廣大渺茫處立說，此即是議論，亦即是虛，更是邪，更不說是支離了。故依象山意見，在人生實踐的立場上看，天下學者，總只是議論不實，是虛是邪是支離。

然象山著重踐履，亦非看輕講明。他說：

為學有講明，有踐履。《大學》致知格物，《中庸》博學審問慎思明辨，《孟子》始條理者智之事，此講明也。……講明有所未至，則雖材質之卓異，踐行之純篤，如伊尹之任，伯夷之清，柳下惠之和，不思不勉，從容而然，可以謂之聖矣，而《孟子》顧有所不願學。拘儒瞽生，又安可以其硜硜之必為而傲知學之士哉。然必一意實學，不事空言，然後可以謂之講明。若謂口耳之學為講明，則又非聖人之徒矣。（《文集》卷十二〈答趙詠道〉）

此等處，象山分析自己立場，可謂深切著明。後人所譏評於象山者，象山皆可不承受。或問先生之學，亦有所受乎？曰：因讀《孟子》而自得之於心也。學《孟子》而自得於心，這是象山自道其學問之真血脈。讀《孟子》，只是一引端，一頭緒。自得於心，始是落實到家了。但象山似乎只著眼在人類歷史文化之高處進步處看，如墟墓興哀宗廟敬，似乎象山只注重在此心之哀與敬，卻不注意到墟墓宗廟如何興起之具體事實上。若要從低處技術處來修墟墓建宗廟，則朱子之格物窮理，似乎仍有用處。

象山又云：

> 朱元晦曾作書與學者，云陸子靜專以尊德性誨人。故游其門者多踐履之士，然於道問學處欠了。某教人豈不是道問學處多了些子，故游某之門者，踐履多不及之。觀此則是元晦欲去兩短，合兩長，然吾以為不可。既不知尊德性，焉有所謂道問學。

這又是象山對於朱陸異同最扼要的自白。象山之道問學，只出發在尊德性上，亦歸宿在尊德性上。換辭言之，象山哲學徹頭徹尾，只是一種人生哲學，象山卻不認離卻人之德性還有學問。其實偏重人生問題，偏重人之德性，亦本是宋學正統。故朱陸異同，亦只是站在宋學正統裏面的問題。朱子亦云：「南渡以來，八字著腳，理會著實工夫者，惟某與陸子靜二人而已。」

但此問題，有直接性的，有間接性的。如此心之哀與敬，是德性問題，是直接性的。但修墟墓，建宗廟，此等像是間接性的。工匠之修建，似乎只是一種技，似乎不要哀與敬。但沒有墟墓宗廟，此哀敬之心，如何興起，如何著落。這裏卻是道問學處要多了些。討究朱陸異同者，此等處似亦宜注意到。

同時又有站在宋學正統外面來反對朱子者，則為浙東學派。遠在北宋，荊公溫公，即以經學史學分幟。二程實近荊公，重經學，蘇東坡父子兄弟則近溫公，重史學。洛蜀之爭，亦由其學術立場之不同。南渡以還，呂氏一家以門第師承而獨得中原文獻傳統，故呂東萊（祖謙）與朱子交好，而自以史學名家。彼嘗欲調和朱陸，鵝湖寺之會，即由其發起。但朱子亦頗不滿東萊，嘗云：

> 伯恭失之多，子靜失之寡。

又云：

> 撫學有首無尾，婺學有尾無首，禪學首尾皆無，只是與人說。

又云：

> 伯恭門徒氣宇厭厭，四分五裂，各自為說，久之必至銷歇。子靜則不然，精神緊峭，其說

分明，能變化人，使人旦異而晡不同，其流害未艾也。

可見朱子意見，還是近象山而遠浙東，因亦看重象山而看不起浙東派。今再引上論中述之，象山只注意在人心哀敬上，東萊重史學，似乎更注意在墟墓宗廟上。故朱子要說，伯恭失之多，子靜失之寡。又要說撫學有首無尾，婺學有尾無首。墟墓宗廟只是尾，但此等便多了。哀敬之心是首，此處便寡了。朱子要經史並重，首尾兼顧，多寡酌中。所舉雖是淺例，推中實有深蘊。

但後來的浙學，到底也成為朱學之勁敵。舉其著者，在前有永康陳龍川亮。稍後有永嘉葉水心正則。龍川與朱子力爭王霸之辨。龍川謂：

本朝伊洛諸公辨析天理人欲而王霸義理之說大明。然謂三代以道治天下，漢唐以智力把持天下，其說固已使人不能心服。而近世諸儒，遂謂三代專以天理行，漢唐專以人欲行，其間有與天理暗合者，是以亦能久長。信斯言也，千五百年之間，天地亦是架漏過時，而人心亦是牽補度日。萬物何以阜蕃，而道何以常存乎？

又曰：

心之用有不盡，無常泯，法之文有不備，無常廢。人之所以與天地並立而為三者，非天地常獨運而人為有息也。人不立則天地不能以獨運。……夫不為堯存，不為桀亡者，非為其舍人而為道也。若謂……舍人可以為道，則釋氏之言不誣矣。……天地而可架漏過時，則塊然一物也。人心而可牽補度日，則半死半活之蟲也，道於何處而常不息哉？

又曰：

天地人為三才，人生只是要做個人。聖人，人之極則也。……纔立個儒者名字，固有該不盡之處矣。學者所以學為人也，而豈必其儒哉？盡絕一世之人於門外，而謂二千年之君子，皆盲眼不可點洗，二千年之天地日月，若有若無，世界皆是利欲，斯道之不絕者僅如縷耳。此英雄豪傑所以自絕於門外，以為立功建業別是法門。這些好說話，且與留著妝景足矣。若知開眼只是箇中人，安得撰到此地位乎？

（《文集．復朱元晦書》）

龍川大意，只謂三代以下，未必全是利欲。非可與三代以前，判然劃分為兩世界。其實此意，亦可以象山撫學來證成。象山謂宇宙即我心，我心即宇宙。人文歷史之形成，全由人心。豈可謂唐虞三代有人心，而漢唐獨無人心。象山又曰：斯人千古不磨心，何以至漢唐而此心都磨了。故應放寬看，不得謂經學裏有人心，史學裏獨無人心。惟儒者有人心，而老釋俱無人心。其實此一爭論，亦可從當時經學與史學之分線上來稍加說明。經學重理想，所謂唐虞三代，可謂是經學上之理想國。儒家一切理想，俱託之於唐虞三代，而咒咀現實，則歸罪於漢唐。漢代表章六經，罷黜百家，也即是罷黜了秦與戰國來專尊唐虞三代。宋人要貶抑唐，也來尊唐虞三代。此皆以經學為主。若從史學立場看，則三代未全是，漢唐未全非，此一也。經學家過重理想，遂謂人事現實不合道，實則道正從人事現實中生，人事現實亦待道而成。若謂人事現實全不合道，則道豈非可以離人事現實而獨立，人事現實亦可離道而自存，此種人道兩分觀，便有叛儒歸釋之嫌，此其二。經學家過重理想，認理是一單純的，而人事現實則始終複雜，故儒學實嫌該不盡人生，而人道亦不必全合於儒義，此其三。但龍川此等理論，早已超出了當時理學正軌，朱陳異同，較之朱陸異同，在思想衝突上應是更嚴重。王霸義利，乃宋學一絕大中心論點。陳龍川的力量，到底推不倒這一個傳統。龍川同時有陳傅良，專修漢唐制度吏治，但無更上一層的理論，與龍川仍為同陷於功利窟穴，不足與理學正統相抗衡。稍後葉水心繼起，在他的《習學記言》裏，批評漢唐，謂其「以勢力威令為君道，以刑政末作為治體，漢之文宣，唐之太宗，雖號賢君，其實去桀紂尚無幾」。又說：「漢高祖唐太宗，與群盜爭攘競殺，勝者得之，皆為己富貴，何嘗有志於民，以人民相乘除，而我收其利，猶可以為功乎？」此是十足的贊助了朱子意見，但水心卻又另從別幾方面來與當時正統的理學樹異。

最要者，為其對於當時道統論的抗議。北宋初期，建立了自孟子下迄韓愈的道統，但不久此種道統論即消失。第二期宋學，大體或尊顏回，或尊孟子，很少提到孟子以下的人物，這與他們的王霸義利之辨，有很大關係。他們看不起漢唐功業，自然連帶要看不起漢唐儒學。直到朱子，一種新道統說才完成，上面是孔曾思孟，下面是周張二程。水心則開始對此孔曾思孟的新道統提出異議。他說：

孔子歿，或言傳之曾子，曾子傳子思，子思傳孟子。孔子自言德行，顏淵而下十人，無曾子。曰參也魯，……曾子之學，以身為本，容色辭氣之外不暇問，於大道多遺略，未可謂至。……子思作《中庸》，若以為遺言，則顏閔猶無是告，而獨閟其家，非是。若所自作，則高者極高，深者極深，非上世所傳也。孟子開德廣，（言性言命言仁言天，皆古人所未及。）語治驟，（齊滕大小異，而言行王道皆若建瓴。）處己過，（自謂庶人不見諸侯，然彭更言其後車從者之盛。）涉世疏，（孔子亦與梁邱據語，孟子不與王驩言。）學者趨新逐奇，忽亡本統，使道不完而有迹。

水心此等意見，乃以客觀的學術思想史的考訂與批評來駁難朱子的孔曾思孟四書的新道統。這實是一種極有力量極有意義的異議。水心在另一面，又竭力增強了孔子以前堯舜禹湯文武周公舊道統的地位。他說：

> 孔子之先，非無達人，六經大義，源深流遠。取舍予奪，要有所承。使皆蕪廢訛雜，則仲尼將安取斯？今盡捹前聞，一歸孔氏，後世所以尊孔氏者固已至矣。推孔子所以承先聖者，則未為得也。

陳龍川要把歷史現實來推翻經學理想，把漢祖唐宗來爭美孔孟，這一番意見是失敗了。水心乃轉而把理想來壓理想，把堯舜禹湯來替換漢祖唐宗，把古經籍來壓在程朱新定四書的身上。此乃水心自占地位，較龍川聰明處。他又分別孔子以前與孔子以後的道統說：

> 唐虞三代，內外無不合，故心不勞而道自存。今之為道者，務出內以治外，故常不合。

又說：

> 以心為官，出孔子之後。以性為善，自孟子始。然後學者盡廢古人之條目，而專以心為宗主。故虛意多，實力少，測知廣，凝聚狹，而堯舜以來內外相成之道廢矣。

又說：

置身於喜怒是非之外者，始可以言好學。一世之人，常區區乎求免於喜怒是非之內而不獲，如搰泥而揚其波也。

又曰：

正誼不謀利，明道不計功，初看極好，細看全疏闊。古人以利與人，而不自居其功，故道義光明。既無功利，則道義乃無用之虛語耳。

宋學宗旨，本求內外一體，心性功利匯歸一源，其分理氣，分心性，敬義兩翼，內外一體，圓宏細密處，卻看似支離分散。象山太看重此心，把外面事務不免忽了。故只重尊德性，而擱輕道問學。水心則不喜觸到本體幽玄上去，不喜重內而輕外，故多在人事現實上立論。象山要引朱子向內，專從心性本原上用力。龍川要引朱子向外，專向功利實事上建樹。但從大體看，則水心與朱子究竟更遠了。水心說：

鄭玄雖曰括囊大典，網羅眾家，刪裁繁蕪，刊改漏失，然不過能折衷眾俗儒之是非耳，何曾望見聖賢藩牆。

又曰：

隨世見聞，轉相師習，枝纏葉繞，不能自脫，錮人之才，窒人之德。

又曰：

世道之衰，雖緣人才日下，然其病根正緣做下樣子，不敢回轉。

理學家在當時，正已做下了樣子，有使人不敢回轉之勢。水心門下有周南仲，紹熙元年以進士對策，述時弊三，道學居其首，謂天下之禍，始於道學而終于皇極。可見水心論學，實在要軼出當時正統理學之軌轍，另來一套新花樣，這方面自近龍川，而與象山大異。畢竟仍是婺學，異撫學，只同要與朱子為敵。但不久南宋即亡，朱學在北方復興，雖不得謂其是朱學之真精神，卻亦不再有水心所謂理想的新花樣出現。以後元明清三代，象山尚時見稱述，龍川亦有人道及，而如水心，則似乎更少人提及。但若專從學術史立場來批評朱子所定之四書，則水心意見，終為可取。故茲意特以象山龍川水心三人並述之。

中國學術思想史論叢（一）

錢穆

本書乃上編之第一冊，共收論文七篇。首先推論中國上古之時，北方農作物及山居實情與今日所知之大不同，其中援史證經，多發前人所未發。再論周公對中國文化之影響與意義，探求《詩經》之源流意蘊，考辨〈西周書〉之文體，發明《易經》之旨趣，皆於理舊之中見其萌新。最後引經據史，以春秋時代人之行為事例驗證中國文化之特殊精神——道德精神，深細剖揭民族文化之生命內涵。凡此種種，皆為研究中國學術思想指引出具體路徑，有志於此者可踵之入門，一窺中國文化至善至美之堂奧。

中國學術思想史論叢（二）

錢穆

本書所收散篇論文共二十篇，上起孔子，下迄秦代，於儒道墨名四家思想，其內容之異同出入，其年代之先後遞變，均有精確之分析、詳密之考訂。對於古今聚訟之問題，一一以獨特之見解，與以圓通之論定，尤其如《易傳》與《小戴禮記》諸篇之融會儒道，《大學》《中庸》兩篇中所未經闡發之新義。〈墨辨〉諸篇與惠施、公孫龍之間之派別分歧，莫不深入淺出，獨闢奇境。並於哲學思想以外，引申及於社會史及文學史，分別讀之，各樹一義。會合而觀，對於先秦百家，匯成一體，誠為治該時代之學術思想者所不可不讀之一書。

中國學術思想史論叢（三）

錢穆

本冊重要部份，一在論本時代之文學，以建安新文學為其轉捩點，溯源窮流而以《昭明文選》為其主要之題材。一在論東漢以下之門第，舉凡當時門第在政治社會上，在學術思想上，在詩文藝術上，在有關中國文化傳統之種種關係上，莫不有所闡述，可謂發前人所未發，為考論此一時代之歷史實況者所不可不知。其他如根據陸賈新語，推求秦漢之際之學術，根據稀見材料，編為《葛洪年譜》，以揭破神仙家言之傳說。要之隨篇陳義，語不虛發，新見絡繹，則在讀者之自為尋究。

中國學術思想史論叢（四）

錢穆

兩漢後，儒學衰微、老莊代興，而佛學東來日益興盛。迄隋唐，有天台禪華嚴之佛學中國化，其中禪宗尤為特出。本書屬隋唐之部，收錄十六篇論文。四篇討論王通、韓愈，其餘全為禪宗部分，主要在剖辨六祖惠能與神會之異同，其次辨析禪宗與理學的關係。全書以考據方法陳述思想，以歷史演變闡發思想史承先啟後的關鍵，語必有證、實事求是，且義理特出。閱讀此編可上溯魏晉、下究宋明，明白中國學術思想轉變之關鍵。

孔子傳

錢穆

儒學影響中華文化至深，討論孔子生平言論行事之著作，實繁有徒，說法龐雜，本書為錢穆先生以《論語》為中心底本、綜合司馬遷後以下各家考訂所得，也是深入剖析孔子生平、言論、行事後，重為孔子所作的傳記。作者從孔子的先祖談起，及至孔子的早年、中年、晚年。詳列一生行跡，並針對古今雜說，從文化脈絡推論考辨，以務實的治學態度辨明真偽，力求貼近真實的孔子。

莊子纂箋

錢穆

《莊子》一書為中國古籍中一部人人必讀之書，但義理、辭章、考據三方面，皆須學有根柢，乃能通讀此書。本書則除郭象注外，詳採中國古今各家注，共得百種上下，斟酌選擇調和決奪，得一妥適之正解。全部《莊子》一字一句，無不操心，並可融通，實為莊子一家思想之正確解釋，宜為從古注書之上品。讀者須逐字逐句細讀之始得。

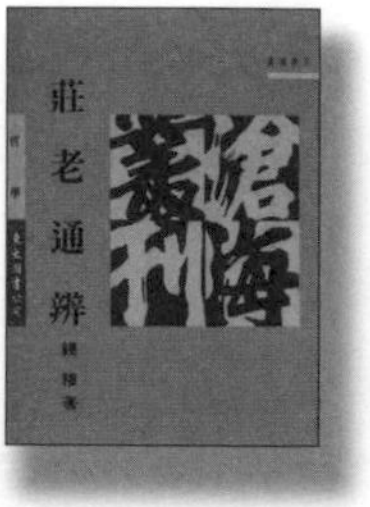

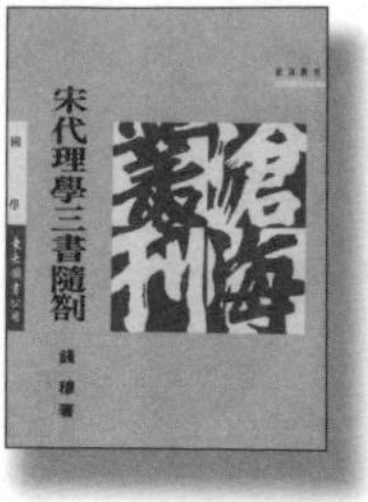

朱子學提綱

錢穆

本書為《朱子新學案》一書之首部。中國宋元明三代之理學，朱子為其重要一中心。儻論全部中國學術思想史，則孔子為上古一中心，朱子乃為近古一中心。《朱子新學案》乃就朱子學全部內容來發揮理學之意義與價值，但過屬專門，學者宜先讀《宋元學案》等書，乃可入門。此編則從全部中國學術思想之演變來闡述朱子學，範圍較廣，但易領略，故宜先讀此編，再讀《朱子新學案》全部，乃易有得。

莊老通辨

錢穆

舊說老子在孔子前，近代學人梁任公批評胡適之《中國哲學史》，乃主老子書出孔子後。顧頡剛、馮友蘭兩人從其說，主老子在莊子前。本書著者則主老子書應尚在莊子後。自民國十二年起，下迄四十九年，前後凡三十八年，歷年遞有發明，共得文十八篇，彙合以成此書。其果得為定論否？則尚待讀者之自審之。

宋代理學三書隨劄

錢穆

本書乃彙合作者對宋代理學三書所作劄記而成。此三書，一為元代劉因所編《朱子四書集義精要》，一為周濂溪《易通書》，一為朱子與呂東萊所合編之《近思錄》。朱子生平精力，主要在為四書集注。惟體尚簡要，其詳言申論，則散見於其語類文集中。後人合編為《四書集義》。劉因又選擇其精要。本書劄記，則又從劉書選擇發揮。濂溪《通書》，乃宋理學家第一部著作。《近思錄》，乃彙選周張二程四家語，為理學之最本源處。本書三劄記，皆以發揮理學家之共同要義為主。惟理學非異於儒林以為學。書末附論文四篇，皆以申明此義。故讀此書不僅可知理學大要，亦可知中國文化之大要矣。

中國思想通俗講話

錢穆

思想無法脫離群眾獨立，中國傳統思想更是蘊藏於廣大群眾的行為、往古相沿之歷史傳統及社會習俗之中。本書以「道理」、「性命」、「德行」、「氣運」四題及補文一篇，共五個部分，拈出目前社會習用的幾許觀念與名詞，由此上溯全部中國思想史，並由淺入深的闡述此諸觀念、諸名詞的內在涵義，及其相互會通之點，藉以描繪出中國傳統思想的大輪廓。凡此，均足供讀者作更深入的引申思索。

國家圖書館出版品預行編目資料

中國學術思想史論叢(五)／錢穆著.——初版一刷.——臺北市：三民，2022
面；　公分.——（錢穆作品精萃）

ISBN 978-957-14-7327-7（精裝）
1. 思想史 2. 文集 3. 中國

112.07　　110010296

中國學術思想史論叢（五）

作　　者　錢　穆
發 行 人　劉振強
出 版 者　三民書局股份有限公司
地　　址　臺北市復興北路 386 號（復北門市）
　　　　　臺北市重慶南路一段 61 號（重南門市）
電　　話　(02)25006600
網　　址　三民網路書店 https://www.sanmin.com.tw

出版日期　初版一刷 2022 年 1 月
書籍編號　S030391
I S B N　978-957-14-7327-7